El Gran Libro de los Platillos Pequeños Sabores Delicados para Cada Momento del Día

Desde el brunch hasta la hora del cóctel más de 100 recetas irresistibles para sorprender tu paladar

Jose Antonio Benitez

Copyright Material © 2025

Reservados todos los derechos

Sin el debido consentimiento por escrito del editor y del propietario de los derechos de autor, este libro no se puede utilizar ni distribuir de ninguna manera, forma o forma, excepto en breves citas utilizadas en una reseña. Este libro no debe considerarse un sustituto del asesoramiento médico, legal o profesional.

TABLA DE CONTENIDO

TABLA DE CONTENIDO 3
INTRODUCCIÓN 7
SALSAS Y CONDIMENTOS 7
1. Salsa de piña 9
2. Salsa de vino tinto y miso 11
3. Chutney de cilantro y menta 13
4. Salsa para mojar con vinagre de soja 15
5. Aceite de chile de Sichuan 17
VEGETALES EN ESCABECHE 19
6. Cebolla roja en escabeche rápido 20
7. Brotes de soja y pepino en escabeche rápido 22
MEZCLAS DE ESPECIAS DE ACABADO 24
8. Pistacho dukkah 25
9. Todo sazonador de bagel 27
10. Za'atar 29
11. Shichimi Togarashi 31
MORDEDORES 33
12. Aceitunas verdes y negras marinadas 34
13. Pajitas de queso sureño 36
14. palomitas de maíz con mantequilla 38
15. Brochetas Caprese 40
16. Aceitunas All'Ascolana 42
17. Encurtidos Fritos 46
18. Tofu marinado enfriado 49
19. Higos envueltos en prosciutto con gorgonzola 52
20. Jalapeños Poppers 54

21. Cerdos en mantas 56
22. Pakorás 59
23. Socca con Cebolla Caramelizada y Romero 62
24. Polenta a la parrilla con cebollín y gorgonzola 66
25. Pajeón 69
26. Cuadritos de espinaca 73
27. Karaage 76
28. Alitas de pollo al horno 79
29. Rollitos de huevo fáciles 82
30. Tortas de arroz integral con espinacas y edamame 85
31. Deslizadores de hamburguesa con queso y chile verde 88
32. Controles deslizantes a base de plantas de pub clásico 91
33. Chips de pita integrales con pimienta 95
34. Alitas de pollo con limón y pimienta 97

ENCURTIDOS, DIPS Y UNTABLES 99

35. Encurtidos rápidos de zanahoria 100
36. Espárragos en escabeche Bloody Mary 102
37. Quimbombó cajún en escabeche 104
38. pimientos cherry en escabeche rellenos 106
39. Tapenade de aceitunas verdes 108
40. Queso para untar con pimiento morrón 110
41. Salsa de queso feta batida 112
42. Labneh casero 114
43. Guacamole grueso 116
44. Hummus ultracremoso 118
45. Hummus De Patata Dulce 121
46. Dip de alubias y guisantes con menta 124
47. Relleno de ternera Baharat 128
48. Cobertura crujiente de champiñones y zumaque 131

49. Mahoma 133

50. Caponata 135

51. Baba Ghanoush 138

52. Skordalia 141

53. Dip de espinacas y alcachofas 144

54. Chile con queso 146

55. Sikil P'ak 148

56. salsa de pollo al búfalo 151

57. paté de hígado de pollo 154

58. Paté de trucha ahumada 157

59. Paté fácil de champiñones 159

QUESO Y HUEVOS 162

60. Frico Friable 163

61. Manchego marinado 166

62. Huevos duros fáciles de pelar 169

63. Huevos rellenos de trucha ahumada 171

64. Huevos marinados con soja 173

65. Huevos En Escabeche De Remolacha 176

66. Tronco de queso cheddar con cebollino 179

67. Tronco de queso de cabra con avellana-Nigella Dukkah 183

68. Queso De Cabra Al Horno 186

69. Brie al horno con albaricoques melosos 189

70. Saganaki 191

71. Rollo de huevo con espinacas y gruyére 194

72. Ranúnculos De Desayuno 197

73. Tortilla Española 200

74. Quesadillas para una multitud 203

ENSALADAS PARA COMPARTIR 206

75. Ensalada de tomate 207

76. Ensalada de calabacín laminado con pepitas 209

77. Ensalada de hierbas 211

78. Pai Huang Gua 213

79. Ensalada de zanahoria al estilo marroquí 216

80. Gajarachi Koshimbir 219

81. Rémoulade de manzana e hinojo 222

82. Ensalada de hinojo, naranja y aceitunas 224

83. Ensalada de cítricos y radicchio con dátiles 226

84. Ensalada caprese de durazno 229

85. Ensalada de burrata con pangrattato y albahaca 231

86. Ensalada de Sandía con Cotija y Serrano 234

87. Ensalada De Higos Frescos 237

88. Ensalada de habas y rábanos 240

89. Som Tam 243

90. Horiatiki Salata 246

91. Calabaza moscada y Fattoush de manzana 249

92. Ensalada De Papas Con Aderezo De Tomate Seco 252

93. Ensalada De Camote Con Almendras 255

94. Arroz integral con hinojo y champiñones 258

95. Ensalada de Farro con Guisantes y Frijoles Blancos 261

96. Kamut con zanahorias y granada 264

97. Ensalada crujiente de lentejas y hierbas 266

98. Ensalada De Atún Y Tomate Heirloom 268

99. Ensalada de cangrejo y mizuna 271

100. Ensalada de frijoles pintos, ancho y carne de res 274

CONCLUSIÓN 277

INTRODUCCIÓN

Descubre el arte de los platillos pequeños con *El Gran Libro de los Platillos Pequeños Sabores Delicados para Cada Momento del Día*, una colección exquisita de más de 100 recetas diseñadas para realzar cualquier ocasión. Ya sea un brunch relajado, un aperitivo elegante o una reunión con amigos, este libro te ofrece la inspiración perfecta para preparar bocados llenos de sabor y estilo.

Desde mini quiches y tostadas gourmet hasta tapas irresistibles y cócteles acompañados de pequeños manjares, cada receta está cuidadosamente elaborada para deleitar tu paladar y sorprender a tus invitados. Con instrucciones fáciles de seguir y consejos de presentación, aprenderás a transformar ingredientes simples en creaciones sofisticadas sin complicaciones.

Tanto si eres un anfitrión experimentado como si buscas nuevas ideas para tus reuniones, este libro te ayudará a dominar el arte de los platillos pequeños y a llevar la elegancia y el sabor a tu mesa en cualquier ocasión. ¡Prepárate para disfrutar de cada bocado y elevar tus comidas a otro nivel!

SALSAS Y CONDIMENTOS

1. **Salsa De Piña**

Hace alrededor de 2 tazas
Tiempo activo 15 minutos
Tiempo total 15 minutos

No use piña enlatada en esta receta. Para una salsa más picante, reserve y agregue las semillas de jalapeño.

2 tazas (12 onzas) de trozos de piña de 1 pulgada
3 chiles jalapeños, sin tallo, sin semillas y cortados en trozos de ½ pulgada
1 taza de hojas de cilantro fresco
¼ taza de cebolla roja picada en trozos grandes
2 dientes de ajo machacados y pelados
1 cucharada de jugo de limón fresco
1 cucharada de aceite de oliva virgen extra
½ cucharadita de sal de mesa
½ cucharadita de pimienta

Pulse la piña, los jalapeños, el cilantro, la cebolla y el ajo en un procesador de alimentos hasta que estén picados en trozos grandes, aproximadamente 6 pulsos, raspando los lados del tazón según sea necesario. Transferir a un tazón para servir. Agregue el jugo de lima, el aceite, la sal y la pimienta. Atender.

2. **Salsa de vino tinto y miso**

Hace alrededor de ⅓ taza
Tiempo activo 35 minutos
Tiempo total 35 minutos
1 taza de vino tinto seco
1 taza de caldo de verduras
2 cucharaditas de azúcar
½ cucharadita de salsa de soya
1 cucharada de mantequilla sin sal
5 cucharaditas de miso

Lleve el vino, el caldo, el azúcar y la salsa de soya a fuego lento en una sartén de 10 pulgadas a fuego medio y cocine hasta que se reduzca a ⅓ de taza, de 20 a 25 minutos. Fuera del fuego, mezcle la mantequilla y el miso hasta que quede suave.

3. Chutney de cilantro y menta

Hace alrededor de 1 taza
Tiempo activo 10 minutos
Tiempo total 10 minutos
2 tazas de hojas de cilantro fresco
1 taza de hojas de menta fresca
⅓ taza de yogur natural
¼ taza de cebolla finamente picada
1 cucharada de jugo de lima
1½ cucharaditas de azúcar
½ cucharadita de comino molido
¼ de cucharadita de sal de mesa

Procese todos los ingredientes en el procesador de alimentos hasta que estén suaves, aproximadamente 20 segundos, raspando los lados del tazón según sea necesario. (La salsa picante se puede refrigerar hasta por 2 días).

4. **Salsa de vinagre de soja**

Rinde aproximadamente ¼ de taza
Tiempo activo 5 minutos
Tiempo total 5 minutos
2 cucharadas de salsa de soya
1 cucharada de agua
2 cucharaditas de vinagre blanco destilado
1 cucharadita de azúcar
Bate todos los ingredientes en un tazón hasta que el azúcar se disuelva.

5. Aceite de chile de Sichuan

Hace alrededor de 1½ tazas
Tiempo activo 40 minutos
Tiempo total 40 minutos, más 12½ horas de enfriamiento y reposo
Aquí preferimos un chile en polvo de Sichuan, pero las hojuelas de pimiento rojo coreano (gochugaru) son una buena alternativa.

½ taza de chile asiático en polvo
2 cucharadas de semillas de sésamo
2 cucharadas de granos de pimienta de Sichuan, molido grueso, cantidad dividida
½ cucharadita de sal de mesa
1 taza de aceite vegetal
1 trozo (1 pulgada) de jengibre, sin pelar, cortado en rodajas de ¼ de pulgada y aplastado
3 vainas de anís estrellado
5 vainas de cardamomo, trituradas
2 hojas de laurel

1 Combine el chile en polvo, las semillas de sésamo, la mitad de los granos de pimienta molidos y la sal en un tazón. Combine el aceite, el jengibre, el anís estrellado, el cardamomo, las hojas de laurel y los granos de pimienta restantes en una cacerola pequeña y cocine a fuego lento, revolviendo ocasionalmente, hasta que las especias se hayan oscurecido y la mezcla esté muy fragante, de 25 a 30 minutos.

2 Cuele la mezcla a través de un colador de malla fina en un tazón con la mezcla de chile en polvo (la mezcla puede burbujear ligeramente); deseche los sólidos en el colador. Revuelva bien para combinar. Deje reposar a temperatura ambiente hasta que los sabores se mezclen, aproximadamente 12 horas. (El aceite de chile se puede almacenar a temperatura ambiente hasta por 1 semana o refrigerar hasta por 3 meses).

VEGETALES EN ESCABECHE

6. Cebolla roja en escabeche rápido

Hace alrededor de 1 taza
Tiempo activo 10 minutos
Tiempo total 10 minutos, más 1 hora de enfriamiento
Busque una cebolla firme y seca con una piel fina y brillante y un color morado intenso.

1 taza de vinagre de vino tinto
⅓ taza de azúcar
¼ de cucharadita de sal de mesa
1 cebolla roja, cortada por la mitad a través del extremo de la raíz y en rodajas finas

Lleva el vinagre, el azúcar y la sal a fuego lento en una cacerola pequeña a fuego medio-alto, revolviendo ocasionalmente, hasta que el azúcar se haya disuelto. Fuera del fuego, agregue la cebolla, cubra y deje enfriar a temperatura ambiente, aproximadamente 1 hora. (La cebolla en escabeche se puede refrigerar en un recipiente hermético hasta por 1 semana).

7. Brotes de soja y pepino en escabeche rápido

Hace alrededor de 2 tazas
Tiempo activo 10 minutos
Tiempo total 10 minutos, más 1 hora sentado
Asegúrese de escurrir las verduras después de 1 hora o su textura comenzará a ablandarse rápidamente.

1 taza de vinagre de arroz sin sazonar
2 cucharadas de azúcar
1½ cucharaditas de sal de mesa
4 onzas (2 tazas) de brotes de soja
1 pepino, pelado, cortado en cuartos a lo largo, sin semillas y en rodajas finas al sesgo

Bate el vinagre, el azúcar y la sal en un tazón mediano hasta que el azúcar y la sal se hayan disuelto. Agregue los brotes de soja y el pepino y mezcle para combinar. Presione suavemente sobre las verduras para sumergirlas. Cubra y deje reposar a temperatura ambiente durante 1 hora; drenar. Atender. (Los pepinillos se pueden refrigerar hasta por 1 día).

MEZCLAS DE ESPECIAS DE ACABADO

8. **Pistacho dukkah**

Hace alrededor de ⅓ taza
Tiempo activo 15 minutos
Tiempo total 15 minutos
1½ cucharadas de semillas de sésamo, tostadas
1½ cucharaditas de semillas de cilantro, tostadas
¾ cucharadita de semillas de comino, tostadas
½ cucharadita de semillas de hinojo, tostadas
2 cucharadas de pistachos sin cáscara, tostados y picados finos
½ cucharadita de sal de mesa
½ cucharadita de pimienta

Procese las semillas de sésamo en un molinillo de especias o en un mortero hasta que estén molidas en trozos grandes; transferir a un tazón. Procese las semillas de cilantro, las semillas de comino y las semillas de hinojo en un molinillo ahora vacío hasta que estén finamente molidas. Transfiera a un tazón con semillas de sésamo. Revuelva los pistachos, la sal y la pimienta en la mezcla de sésamo hasta que se combinen. (Dukkah se puede refrigerar hasta por 1 mes).

9. Todo sazonador de bagels

Rinde 5 cucharaditas
Tiempo activo 5 minutos
Tiempo total 5 minutos
1 cucharadita de semillas de sésamo
1 cucharadita de semillas de amapola
1 cucharadita de ajo picado seco
1 cucharadita de hojuelas de cebolla seca
1 cucharadita de sal kosher
Combine todos los ingredientes en un tazón. (El condimento se puede almacenar en un recipiente hermético hasta por 3 meses).

10. Za'atar

Hace alrededor de ⅓ taza
Tiempo activo 10 minutos
Tiempo total 10 minutos
2 cucharadas de tomillo seco
1 cucharada de orégano seco
1½ cucharadas de zumaque molido
1 cucharada de semillas de sésamo, tostadas
¼ de cucharadita de sal de mesa

Muela el tomillo y el orégano con un molinillo de especias o un mortero hasta que esté finamente molido y en polvo. Transfiera a un tazón y agregue el zumaque, las semillas de sésamo y la sal. (Za'atar se puede almacenar en un recipiente hermético a temperatura ambiente hasta por 1 año).

11. Shichimi Togarashi

Hace alrededor de ½ taza
Tiempo activo 10 minutos
Tiempo total 10 minutos
1½ cucharaditas de ralladura de naranja
4 cucharaditas de semillas de sésamo, tostadas
1 cucharada de pimentón
2 cucharaditas de pimienta
½ cucharadita de ajo en polvo
½ cucharadita de jengibre molido
¼ de cucharadita de pimienta de cayena

Cocine en el microondas la ralladura de naranja en un tazón pequeño, revolviendo ocasionalmente, hasta que se seque y ya no se aglomere, aproximadamente 2 minutos. Agregue las semillas de sésamo, el pimentón, la pimienta, el ajo en polvo, el jengibre y la cayena. (Shichimi togarashi se puede almacenar en un recipiente hermético hasta por 1 semana).

MORDEDORES

12. Aceitunas Verdes y Negras Marinadas

Sirve de 8 a 10 | Tiempo activo 10 minutos
Tiempo total 10 minutos, más 4 horas de marinado
1 taza de aceitunas verdes curadas en salmuera con carozos
1 taza de aceitunas negras curadas en salmuera con hueso
¾ taza de aceite de oliva virgen extra
1 chalota, picada
2 cucharaditas de ralladura de limón
2 cucharaditas de tomillo fresco picado
2 cucharaditas de orégano fresco picado
1 diente de ajo picado
½ cucharadita de hojuelas de pimiento rojo
½ cucharadita de sal de mesa

Inicio
Refrigere las aceitunas marinadas hasta por 4 días. Deje reposar las aceitunas a temperatura ambiente durante al menos 30 minutos antes de servir o el aceite se verá turbio y congelado.

Línea de meta
Junto a las aceitunas, coloque palillos de dientes para que los invitados recojan las aceitunas y un tazón pequeño vacío para desechar los huesos.

Sirva estas aceitunas en una tabla de quesos o charcutería o combínelas con

13. Pajitas De Queso Del Sur

Sirve de 12 a 16 (rinde alrededor de 48 pajitas de queso) | Tiempo activo 30 minutos

Tiempo total 1 hora

8 onzas de queso cheddar extra fuerte, rallado (2 tazas)

1½ tazas (7½ onzas) de harina para todo uso

8 cucharadas de mantequilla sin sal, cortada en 8 pedazos y enfriada

¾ cucharadita de sal de mesa

¾ cucharadita de pimentón

½ cucharadita de levadura en polvo

¼ de cucharadita de pimienta de cayena

3 cucharadas de agua helada

Inicio

Almacene en un recipiente hermético a temperatura ambiente hasta por 1 semana.

Línea de meta

Coloque pajitas de queso en varios vasos altos para que los invitados puedan alcanzarlas cuando quieran un bocado.

14. Palomitas con mantequilla

Hace 14 tazas
Tiempo activo 15 minutos
Tiempo total 15 minutos

Caliente tres granos de prueba en una cacerola hasta que exploten (así es como sabe que el aceite está lo suficientemente caliente). Agregar el resto de los granos fuera del quemador y dejarlos reposar durante 30 segundos asegura que todos los granos se calienten de manera uniforme. De esa manera, todos explotarán al mismo ritmo.

3 cucharadas de aceite vegetal
½ taza de granos de palomitas de maíz
2 cucharadas de mantequilla sin sal, derretida
¼ de cucharadita de sal de mesa

1 Caliente el aceite y 3 granos de palomitas de maíz en una cacerola grande a fuego medio-alto hasta que los granos revienten. Retire la sartén del fuego, agregue los granos restantes, cubra y deje reposar durante 30 segundos.

2 Regrese la cacerola a fuego medio-alto. Continúe cocinando con la tapa ligeramente entreabierta hasta que el estallido disminuya a aproximadamente 2 segundos entre estallidos. Transfiera las palomitas de maíz a un tazón grande. Agregue mantequilla derretida y revuelva para cubrir las palomitas de maíz. Agregue sal y revuelva para combinar. Atender.

15. Brochetas Caprese

Sirve de 8 a 10 (hace 30 brochetas) | Tiempo activo 15 minutos
Tiempo total 20 minutos

¼ taza de aceite de oliva virgen extra
1 diente de ajo, picado para pegar
10 onzas de tomates uva, cortados por la mitad
8 onzas de bolas frescas de queso mozzarella para bebés (bocconcini)
1 taza de hojas de albahaca fresca

Línea de meta
Cubra el plato con una envoltura de plástico hasta que esté listo para servir.

Par perfecto
Sirva las brochetas junto con Quick Giardiniera (esta página), Albóndigas en Salsa de Almendras (esta página) o Ensalada de habas y rábanos (esta página).

POR QUÉ FUNCIONA ESTA RECETA Esta versión festiva y fácil de la ensalada caprese tiene solo cinco ingredientes simples. Usamos palillos de dientes para colocar pedazos de mozzarella fresca y albahaca del tamaño de un bocado en posición vertical sobre pedestales de tomates uva partidos por la mitad. Un aceite infundido con ajo que se prepara rápidamente, hecho triturando el ajo en una pasta y revolviéndolo en aceite de oliva virgen extra afrutado, aumenta el sabor de las bolas de mozzarella y los tomates. Las hojas de albahaca, ensartadas enteras en nuestros palillos, completan el perfil de sabor caprese y agregan un toque fresco del jardín. Puede usar bolas de mozzarella frescas más grandes aquí, pero deben cortarse en trozos de ¾ a 1 pulgada antes de marinar. Necesitarás 30 palillos de madera resistentes para esta receta; evite usar palillos de dientes delgados y endebles aquí.

1 Batir el aceite y el ajo en un tazón pequeño. En un recipiente aparte, mezcle los tomates y la mozzarella con 2 cucharadas de aceite de ajo y sazone con sal y pimienta.

2 Pinche los tomates, la mozzarella y las hojas de albahaca en el siguiente orden de arriba a abajo: la mitad del tomate, la hoja de albahaca (doblada si es grande), la bola de mozzarella y la mitad del tomate con el lado plano hacia abajo. Coloque las brochetas en posición vertical sobre una fuente para servir, rocíe con el aceite de ajo restante y sazone con sal y pimienta. Atender.

16. Aceitunas all´ascolana

Sirve de 8 a 10 (rinde 40 aceitunas) | Tiempo activo 1½ horas
Tiempo Total 1½ horas
2 cucharadas más 3 tazas de aceite de oliva virgen extra, cantidad dividida
1 zanahoria, picada
1 chalote, picado
⅛ cucharadita de sal de mesa
⅛ cucharadita de pimienta
4 onzas de carne de cerdo molida
1 onza de prosciutto, picado
⅛ cucharadita de nuez moscada molida
¼ taza de vino blanco seco
¼ taza de queso parmesano rallado
1 yema de huevo grande, más 2 huevos grandes, cantidad dividida
¼ de cucharadita de ralladura de limón
45 aceitunas verdes en salmuera grandes con hueso
1½ tazas de migas de pan panko
1 taza (5 onzas) de harina para todo uso

Inicio
Deshuese las aceitunas 1 día antes de que las necesite. La receta requiere aceitunas extra para que puedas practicar quitar el carozo y mantener la pulpa intacta. Refrigere el relleno hasta por 2 días.

Línea de meta
Deje que las aceitunas se enfríen un poco antes de servirlas para que no estén demasiado calientes para morderlas.

Par perfecto
Sirva aceitunas con chuletas de costilla de cordero con condimento de menta y romero (esta página) o ensalada Caprese de durazno (esta página).

POR QUÉ FUNCIONA ESTA RECETA Estas aceitunas fritas saladas y crujientes rellenas con un rico relleno de carne son una especialidad regional de Le Marche en Italia. Esta maravilla culinaria de sabor y textura es un pequeño bocado tentador para acompañar un Aperol spritz o una copa de vino blanco. Para quitar el hueso de la aceituna, dejamos la pulpa de la aceituna en una sola pieza, rebanando un lado de la aceituna y cortando alrededor del hueso con un cuchillo de cocina como si peláramos una manzana. El proceso va rápido una vez que practicas deshuesar los primeros. Con estas aceitunas, el relleno comparte protagonismo. La carne de cerdo molida, el prosciutto, la zanahoria salteada y la chalota crean hermosas capas de sabor. La nuez moscada proporciona especias y aromas cálidos, mientras que el vino aporta brillo. La yema de huevo y el queso parmesano aportan riqueza y una textura cremosa al relleno. Use un horno holandés que tenga capacidad para 6 cuartos o más. Usamos grandes,

1 Caliente 2 cucharadas de aceite en una sartén de 12 pulgadas a fuego medio hasta que brille. Agregue la zanahoria, la chalota, la sal y la pimienta y cocine hasta que estén blandas y ligeramente doradas, de 3 a 5 minutos. Agregue la carne de cerdo y cocine, rompiendo la carne con una cuchara de madera, hasta que se dore, aproximadamente 4 minutos. Agregue el prosciutto y la nuez moscada y cocine hasta que estén fragantes, aproximadamente 30 segundos. Agregue el vino y cocine hasta que casi se evapore, aproximadamente 1 minuto. Procese la mezcla de cerdo en el procesador de alimentos hasta que quede suave, aproximadamente 2 minutos, raspando los lados del tazón según sea necesario. Agregue queso parmesano, yema de huevo y ralladura de limón y pulse para combinar, aproximadamente 5 pulsos. Transfiera el relleno a un tazón y deje que se enfríe un poco.

2 Trabajando con 1 aceituna a la vez, use un cuchillo de cocina para cortar a lo largo un lado del hueso (no corte la aceituna). Continúe cortando alrededor del hueso hasta que se suelte, rotando la aceituna según sea necesario y manteniendo la mayor cantidad de aceituna intacta posible. Vierta apenas 1 cucharadita de relleno en cada aceituna (las aceitunas deben estar llenas pero no desbordadas), luego cierre los lados alrededor del relleno, apretando suavemente para sellar.

3 Cubra la bandeja para hornear con borde con una capa triple de toallas de papel. Procese el panko en un procesador de alimentos limpio hasta obtener migas finas, unos 20 segundos; transferir a un plato poco profundo. Extienda la harina en un segundo plato poco

profundo. Bate los huevos en un tercer plato poco profundo. Trabajando con varias aceitunas a la vez, enharine, sumerja en huevo y cubra con panko, presionando firmemente para que se adhiera. Transfiera a un plato grande y deje reposar durante 5 minutos.

4 Caliente las 3 tazas de aceite restantes en un horno holandés a fuego medio-alto a 375 grados. Agregue la mitad de las aceitunas y cocine, revolviendo ocasionalmente para evitar que se peguen, hasta que estén doradas y crujientes, aproximadamente 2 minutos. Usando una espumadera de alambre o una cuchara ranurada, transfiera las aceitunas a la hoja preparada y deje escurrir. Regrese el aceite a 375 grados y repita con las aceitunas restantes. Servir tibio.

17. Pepinillos fritos

Sirve de 6 a 8 (hace 16 encurtidos) | Tiempo activo 30 minutos
Tiempo total 30 minutos
½ taza de harina de maíz
4 encurtidos de eneldo kosher enteros, cortados en cuartos a lo largo, secados con toallas de papel
1 taza (5 onzas) de harina para todo uso
1 taza (4 onzas) de maicena
2 cucharaditas de polvo de hornear
1 cucharadita de sal de mesa
½ cucharadita de pimienta de cayena
1 botella (12 onzas) de cerveza fría
3 cuartos de aceite vegetal para freír
Par perfecto
Sirva con dip cremoso de queso azul (esta página). Agregue Ensalada de Calabacín Afeitado con Pepitas (esta página).
POR QUÉ FUNCIONA ESTA RECETA Una delicia sureña que combina la riqueza frita con el característico sabor a pepinillo, estas lanzas son crujientes al morder con una suave acidez en el interior, lo que las convierte en un gran acompañamiento para servir con bebidas. Fáciles de preparar frescos y disfrutar con una variedad de otros bocados pequeños como queso, fiambres y ensaladas, estos encurtidos son perfectos tanto para niños como para adultos. El kétchup, la salsa barbacoa y el aderezo ranch son salsas fáciles y deliciosas para mojar. Use un horno holandés que tenga capacidad para 6 cuartos o más. Use encurtidos de eneldo kosher enteros que usted mismo corta en lanzas, porque son más firmes que los encurtidos precortados. Con la excepción de las cervezas negras y las cervezas negras, cualquier cerveza funcionará en esta receta, incluso sin alcohol.

1 Coloque la harina de maíz en un plato poco profundo. Reboza los pepinillos en harina de maíz y transfiérelos a un plato. Combine la harina, la maicena, el polvo de hornear, la sal y la pimienta de cayena en un tazón grande. Batir lentamente la cerveza hasta que quede suave.

2 Caliente el aceite en un horno holandés grande a fuego medio-alto hasta 350 grados. Vuelva a batir la masa. Transfiera la mitad de los pepinillos a la masa. Uno a la vez, retire los pepinillos de la masa (permitiendo que el exceso gotee de nuevo en el tazón) y fríalos en aceite caliente hasta que estén dorados, de 2 a 3 minutos. Escurra los pepinillos sobre una rejilla colocada en una bandeja para hornear con borde. Vuelva a llevar el aceite a 350 grados y repita con los encurtidos restantes. Atender.

18. Tofu marinado refrigerado

Sirve de 4 a 6 | Tiempo activo 20 minutos
Tiempo total 40 minutos, más 2 horas de marinado
14 onzas de tofu firme, cortado por la mitad a lo largo, luego cortado transversalmente en cuadrados de ½ pulgada de grosor
2 tazas de agua hirviendo
¼ taza de salsa de pescado
¼ taza de mirin
4 cucharaditas de azúcar
¼ de onza de wakame
¼ onza de kombu
4 cucharaditas de vinagre de arroz
2 hojas (8 por 7½ pulgadas) de nori tostado, desmenuzado
2 cebolletas, en rodajas finas al sesgo
Aceite de sésamo tostado
Inicio
Refrigere el tofu marinado hasta por 2 días.
Línea de meta
Para agregar especias aromáticas y crujientes, espolvoree tofu con Shichimi Togarashi (esta página).
Par perfecto

Sirva el tofu como un contrapunto fresco a las carnes a la parrilla como Keftedes (esta página) o utilícelo para complementar el sabor de Pajeon (esta página).

POR QUÉ FUNCIONA ESTA RECETA El tofu crudo marinado (hiyayakko o yakko-dofu) es un tentempié popular en Japón. En las mejores interpretaciones, una marinada sabrosa y algunas guarniciones selectas amplifican la delicada dulzura del tofu. La marinada suele ser un dashi mejorado con salsa de soja, el caldo japonés preparado con algas kombu y hojuelas de bonito (atún listado). Lo reemplazamos con una combinación de alga wakame, salsa de pescado, mirin y azúcar, que produce un adobo dulce, salado y robusto. Las guarniciones como el nori desmenuzado, las cebolletas en rodajas y el aceite de sésamo tostado agregan crujido y riqueza. Para una medición precisa del agua hirviendo, hierva un hervidor de agua y luego mida la cantidad deseada. Para un plato vegetariano, puede cambiar BraggLiquid Aminos o un sustituto de salsa de pescado vegetariano para la salsa de pescado.

1 Extienda el tofu sobre una bandeja para hornear forrada con toallas de papel, deje escurrir durante 20 minutos, luego presione suavemente para secar con toallas de papel y sazone con sal y pimienta.

2 Mientras tanto, combine el agua hirviendo, la salsa de pescado, el mirin, el azúcar, el wakame y el kombu en un tazón pequeño. Cubra y deje reposar durante 15 minutos. Cuele el líquido a través de un colador de malla fina, deseche los sólidos, luego regrese el caldo a un tazón mediano.

3 Agrega el tofu y el vinagre; cubrir; y refrigere hasta que se enfríe, por lo menos 2 horas. Para servir, use una cuchara ranurada para transferir el tofu a un plato, cubra con nori y cebolletas, y rocíe con aceite de sésamo al gusto.

19. Higos envueltos en prosciutto con gorgonzola

Sirve de 8 a 10 (hace 32 mitades de higo) | Tiempo activo 15 minutos
Tiempo total 15 minutos

2 onzas de queso Gorgonzola
16 higos frescos, sin tallo y cortados por la mitad a lo largo
1 cucharada de miel
16 rebanadas delgadas de prosciutto (8 onzas), cortadas por la mitad a lo largo

Inicio
Cubra los higos preparados con una envoltura de plástico y refrigere por hasta 8 horas; deja que alcancen la temperatura ambiente antes de servir.

Par perfecto
Sirva higos con vieiras a la plancha con ensalada de mango y pepino (esta página) o huevos rellenos de salmón ahumado (esta página).

POR QUÉ FUNCIONA ESTA RECETA Combinamos higos dulces y maduros con prosciutto sabroso y salado y queso azul audaz y picante para un bocado delicioso. Partimos los higos por la mitad para que sean fáciles de comer, luego los envolvemos en lonchas finas de jamón. Para más sabor y para jugar con las notas saladas del prosciutto, añadimos un poco de miel. Calentar brevemente la miel en el microondas asegura que sea fácil de rociar. Coloque pequeños montículos de Gorgonzola cremoso y asertivo en el centro de cada higo antes de agregar la miel. Ofrece un contrapunto rico y audaz a la carne tierna y al sabor dulce del higo. Para garantizar que el prosciutto permanezca en su lugar, inserte un palillo en el centro de cada paquete.

Coloque 1 cucharadita de Gorgonzola en el centro de cada mitad de higo. Calentar la miel en el microondas en un tazón para aflojarla, unos 10 segundos, luego rociar sobre el queso. Envuelva el prosciutto de forma segura alrededor de los higos, dejando los extremos de los higos descubiertos. Asegure el prosciutto con un palillo y sirva.

20. Jalapeño

Sirve de 8 a 10 (hace 24 mitades de jalapeño) | Tiempo activo 15 minutos
Tiempo total 35 minutos

8 onzas de queso crema, ablandado
2 onzas de queso cheddar, rallado (½ taza)
2 onzas de jamón deli, picado
2 cebolletas, picadas
1 cucharada de jugo de lima
1 cucharadita de chile en polvo
½ cucharadita de sal de mesa
12 chiles jalapeños, partidos por la mitad y sin semillas

Inicio
Cubra y refrigere los jalapeños rellenos y sin hornear hasta por 1 día antes de hornearlos.

Par perfecto
Sirva con esquites (esta página) o naan con mermelada de higos, queso azul y prosciutto (esta página).

POR QUÉ FUNCIONA ESTA RECETA Mejoramos este popular refrigerio de bar al no cubrir los jalapeños y hornearlos en lugar de freírlos. El queso crema es la base de nuestro relleno, con una fuerte dosis de queso cheddar rallado para darle sustancia y sabor, y jamón picado para darle profundidad carnosa. En lugar de empanizar y freír estos chiles rellenos, encontramos que solo 20 minutos en el horno los ablandan y aseguran que el relleno se caliente por completo. Para ablandar el queso crema rápidamente, caliéntelo en el microondas durante 20 a 30 segundos. Puedes usar jalapeños rojos y verdes indistintamente porque el picor del chile no está determinado por el color.

Ajuste la rejilla del horno a la posición media y caliente el horno a 350 grados. Cubra la bandeja para hornear con borde con papel pergamino. Combine el queso crema, el queso cheddar, el jamón, las cebolletas, el jugo de lima, el chile en polvo y la sal en un tazón. Coloque la mezcla de queso crema en mitades de jalapeño y colóquelas en una bandeja para hornear preparada. Hornee hasta que el queso esté caliente, unos 20 minutos. Servir tibio.

21. Cerdos en mantas

Sirve de 8 a 10 (hace 32 piezas) | Tiempo activo 30 minutos
Tiempo total 1¼ horas

cerdos

1 hoja de hojaldre (9½ por 9 pulgadas), descongelada
1 huevo grande, batido con 1 cucharada de agua
32 salchichas de cóctel, secadas
¼ taza de queso parmesano rallado
2 cucharaditas de condimento Everything Bagel (esta página)
½ cucharadita de pimienta

Mostaza

⅓ taza de mostaza amarilla
2 cucharadas de vinagre de sidra
2 cucharadas de azúcar morena envasada
1 cucharada de salsa de tomate
½ cucharadita de salsa Worcestershire
½ cucharadita de salsa picante
¼ cucharadita de pimienta

Inicio

Descongele la masa congelada durante 1 día en el refrigerador o de 30 minutos a 1 hora en el mostrador. Refrigere los cerdos en forma hasta por 1 día antes de hornearlos.

Par perfecto

Agregue huevos encurtidos con remolacha (esta página) y ensalada de zanahoria al estilo marroquí con harissa y queso feta (esta página).

POR QUÉ FUNCIONA ESTA RECETA Para una versión sofisticada pero simple del clásico infantil retro-campy, usamos hojaldre. Tiene una textura más escamosa que la masa de rollo de media luna refrigerada más típica, pero es igualmente fácil de usar. Desenrollamos la lámina de hojaldre, la cortamos en 32 tiras iguales y enrollamos un poco de frankfurt de cóctel en cada tira. Luego colocamos las tiras en una bandeja para hornear forrada de pergamino, con un pequeño espacio entre ellas para permitir el inevitable inflado. A continuación, untamos cada cerdito con huevo batido y lo espolvoreamos con queso parmesano rallado para darle un toque sabroso. Una pizca de Everything Bagel Seasoning agrega textura e interés visual. Mientras los cerdos se hornean, mezclamos una salsa de mostaza para mojar en la despensa. Un paquete de 10 a 13 onzas de salchichas para cóctel generalmente contiene 32 salchichas. Esta receta se puede duplicar fácilmente; hornee los cerdos en mantas en dos hojas separadas, una hoja a la vez.

1 Para los cerdos Ajuste la rejilla del horno a la posición media y caliente el horno a 400 grados. Cubra la bandeja para hornear con borde con papel pergamino. Desdobla la masa de hojaldre sobre una encimera ligeramente enharinada y enróllala en un rectángulo de 12 x 9 pulgadas con el lado corto paralelo al borde de la encimera, enharina la parte superior de la masa según sea necesario para evitar que se pegue.

2 Usando una rueda para pizza o un cuchillo de chef, corte la masa en un rectángulo de 12 por 8 pulgadas. Corte la masa a lo largo en ocho tiras de 1 pulgada. Corte la masa transversalmente en tres intervalos de 3 pulgadas. (Debe tener treinta y dos tiras de masa de 3 por 1 pulgada).

3 Cepille ligeramente 1 fila de tiras de masa con huevo batido. Enrolle 1 salchicha en cada tira de masa y transfiera el paquete, con la costura hacia abajo, a la hoja preparada. Repita con las tiras de masa y las salchichas restantes, separando los paquetes a ½ pulgada de distancia.

4 Combine el queso parmesano, el condimento para bagels y la pimienta en un tazón. Trabajando con unos pocos paquetes a la vez, cepille la parte superior con huevo y espolvoree con la mezcla de queso parmesano. Hornee hasta que la masa esté dorada, aproximadamente 23 minutos.

5 Para la salsa de mostaza Mientras tanto, mezcle todos los ingredientes en un tazón.

6 Deje que los lechones se enfríen en una sábana durante 10 minutos. Servir con salsa de mostaza.

22. Pakorás

Sirve de 4 a 6 (rinde 15 pakoras) | Tiempo activo 1 hora
Tiempo total 1 hora

1 patata rojiza grande, pelada y rallada (1½ tazas/6½ onzas)
1 cebolla roja grande, cortada por la mitad y en rodajas finas (1½ tazas/5 onzas)
1 taza de espinacas tiernas, picadas
1 chile serrano, sin tallo y picado
1 cucharadita de comino molido
1 cucharadita de cilantro molido
1 cucharadita de ajwain
½ cucharadita de sal de mesa
½ cucharadita de chile cachemir en polvo
¼ de cucharadita de fenogreco molido
¾ taza de besan
1 cucharadita de polvo de hornear
½ cucharadita de cúrcuma molida
¼ taza de agua
2 cuartos de aceite vegetal para freír

Línea de meta

Muerda las pakoras con cuidado, ya que conservan el calor después de freírlas.

Par perfecto

Sirva con nueces especiadas con naranja y cardamomo (esta página) y Gajarachi Koshimbir (esta página).

POR QUÉ FUNCIONA ESTA RECETA Estos buñuelos de vegetales especiados son una delicia muy apreciada a la hora del té en la India, especialmente durante la temporada de lluvias. Deliciosos servidos con una taza caliente de chai, también puede servirlos con cócteles o cerveza en cualquier momento que desee un toque ligeramente picante. Usa los agujeros grandes de un rallador de caja para triturar la papa. Para obtener la mejor textura, recomendamos medir la cebolla y la papa preparadas por peso. Besan, junto con ajwain y polvo de chile de Cachemira, se pueden encontrar en los mercados del sur de Asia. Si no hay ajwain disponible, sustitúyalo por tomillo seco. Si el fenogreco no está disponible, se puede omitir. Besan (también conocida como harina de garbanzos) se elabora moliendo garbanzos marrones pelados y partidos. Para sustituir la harina de garbanzos estándar (hecha de garbanzos blancos), agregue 2 cucharadas adicionales de agua a la masa. Use un horno holandés que tenga capacidad para 6 cuartos o más.

1 En un tazón grande, combine la papa, la cebolla, la espinaca, el serrano, el comino, el cilantro, el ajwain, la sal, el chile en polvo y el fenogreco. Mezcle las verduras hasta que estén cubiertas con especias. Con las manos, exprima la mezcla hasta que las verduras se ablanden y suelte un poco de líquido, unos 45 segundos (no escurrir).

2 En un tazón pequeño, mezcle el besan, el polvo para hornear y la cúrcuma. Espolvorea sobre la mezcla de vegetales y revuelve hasta que el besan ya no sea visible y la mezcla forme una masa pegajosa. Agregue agua y revuelva vigorosamente hasta que el agua esté bien incorporada.

3 Ajuste la rejilla del horno a la posición media y caliente el horno a 200 grados. Coloque la rejilla en una bandeja para hornear con borde. Agregue aceite a un horno holandés grande hasta que mida aproximadamente 1½ pulgadas de profundidad y caliente a fuego medio-bajo a 375 grados.

4 Transfiera una cucharada colmada de masa al aceite, usando una segunda cuchara para facilitar la salida de la masa de la cuchara. Revuelva la masa brevemente y repita las porciones hasta que haya 5 pakoras en aceite. Freír, ajustando el quemador si es necesario para mantener la temperatura del aceite de 370 a 380 grados, hasta que las pakoras estén doradas, de 1½ a 2 minutos por lado. Con una espumadera tipo araña o una espumadera, transfiera las pakoras a la rejilla preparada y colóquelas en el horno. Regrese el aceite a 375 grados y repita con la masa restante en dos lotes adicionales. Servir inmediatamente.

23. Socca con Cebolla Caramelizada y Romero

Sirve de 6 a 8 (hace cuatro panes planos de 10 pulgadas) | Tiempo activo 1 hora
Tiempo total 1¼ horas

Soca
1½ tazas de agua
1⅓ tazas (6 onzas) de harina de garbanzos
¼ taza de aceite de oliva virgen extra, cantidad dividida
1 cucharadita de sal de mesa
¼ de cucharadita de comino molido

Adición
2 cucharadas de aceite de oliva virgen extra, más extra para rociar
2 tazas de cebollas en rodajas finas
½ cucharadita de sal de mesa
1 cucharadita de romero fresco picado
Sal marina gruesa

Inicio
Rellene hasta 1 día antes y lleve a temperatura ambiente antes de usar. Prepare la masa con hasta 2 horas de anticipación (batir para recombinar antes de cocinar).

Línea de meta
Si sirve a más de 6 a 8 personas, corte la socca en cuadrados pequeños.

Par perfecto
Sirva con manchego marinado (esta página), Carciofi alla Giudia (esta página) o calabaza de invierno en olla a presión con Halloumi y coles de Bruselas (esta página).

POR QUÉ FUNCIONA ESTA RECETA Estos panqueques de garbanzos delgados, crujientes y con sabor a nuez lo transportarán directamente a la Riviera francesa, donde son una comida callejera popular o un refrigerio en los cafés al aire libre junto con una copa de rosado frío. Tradicionalmente, la masa se vierte en una sartén grande de hierro fundido y se hornea en un horno de leña muy caliente para hacer un panqueque grande con una parte superior ampollada y un sabor ahumado. Luego se corta en gajos para servir. "Hornearás" estas versiones más pequeñas y súper fáciles completamente en la estufa, usando una sartén antiadherente precalentada y volteándolas para obtener una gran corteza en ambos lados. La socca más pequeña es más fácil de voltear que una tortita grande, y el calor directo de la estufa asegura un exterior crujiente por ambos lados, lo que le da a la socca una mayor proporción de corteza crujiente a interior tierno. Una cobertura de cebollas doradas caramelizadas realzadas con romero complementa estos sabrosos panes planos. O pruebe la variación con acelgas, pistachos y albaricoques secos. Ambos saben bien con esa copa de vino frío.

1 Para la socca Ajuste la rejilla del horno a la posición media y caliente el horno a 200 grados. Coloque la rejilla en una bandeja para hornear con borde y colóquela en el horno para precalentar. Batir el agua, la harina, 4 cucharaditas de aceite, la sal y el comino en un tazón hasta que no queden grumos. Deje reposar la masa mientras prepara la cobertura, al menos 10 minutos.

2 Para la cobertura Caliente el aceite en una sartén antiadherente de 10 pulgadas a fuego medio-alto hasta que empiece a humear. Agregue las cebollas y la sal y cocine hasta que las cebollas comiencen a dorarse alrededor de los bordes pero aún tengan algo de textura, de 7 a 10 minutos. Agregue el romero y cocine hasta que esté fragante, aproximadamente 1 minuto. Transfiere la mezcla de cebolla a un tazón; dejar de lado. Limpie la sartén con toallas de papel.

3 Caliente 2 cucharaditas de aceite en una sartén ahora vacía a fuego medio-alto hasta que empiece a humear. Retire la sartén del fuego y vierta ½ taza de masa en el otro lado de la sartén; agite suavemente en el sentido de las agujas del reloj hasta que la masa cubra uniformemente el fondo de la sartén.

4 Vuelva a calentar la sartén y cocine la socca, sin moverla, hasta que esté bien dorada y crujiente alrededor del borde inferior, de 3 a 4 minutos (puede mirar la parte inferior de la socca aflojándola desde el costado de la sartén con una espátula de goma resistente al calor). Voltee la socca con una espátula de goma y cocine hasta que el segundo lado esté cocido, aproximadamente 1 minuto. Transfiera la socca, con el lado dorado hacia arriba, a la rejilla preparada en el horno. Repita 3 veces más, usando 2 cucharaditas de aceite y ½ taza de masa por lote.

5 Transfiera la socca a una tabla de cortar y córtela en gajos. Sirva, cubierto con cebollas salteadas, rociado con aceite extra y espolvoreado con sal marina.

Variación

Socca con acelgas, albaricoques y pistachos

Omita la cobertura de cebolla. Caliente 1 cucharada de aceite en una sartén antiadherente de 12 pulgadas a fuego medio hasta que brille. Agregue 1 cebolla finamente picada y cocine hasta que se ablande, aproximadamente 5 minutos. Agregue 2 dientes de ajo picados, ¾ de cucharadita de comino molido, ¼ de cucharadita de sal y ⅛ de cucharadita de pimienta de Jamaica molida y cocine hasta que esté fragante, aproximadamente 30 segundos. Agregue 12 onzas de acelgas cortadas y picadas y 3 cucharadas de albaricoques secos finamente picados y cocine hasta que las acelgas se marchiten, de 4 a 6 minutos. Fuera del fuego, agregue 2 cucharadas de pistachos tostados finamente picados y 1 cucharadita de vinagre de vino blanco, y sazone con sal y pimienta al gusto. Cubra cada socca cocida con ⅓ de taza de la mezcla de acelgas, rebane y sirva.

24. Polenta a la parrilla con cebollín y gorgonzola

8 porciones (hace 16 triángulos de polenta) | Tiempo activo 30 minutos
Tiempo total 1½ horas, más 2 horas de refrigeración

2 tazas de agua
1 cucharada de romero fresco picado
½ cucharadita de sal de mesa
1 taza de polenta instantánea
3 cucharadas más 1 cucharadita de aceite de oliva virgen extra
4 cebolletas, recortadas
4 onzas de queso gorgonzola, suavizado
1 cucharada de crema espesa
1 cucharada de miel

Inicio
La polenta cocida se puede refrigerar, envolver, hasta por 3 días.

Par perfecto
Sirva con Ceviche Peruano con Rábanos y Naranja (esta página) o Caponata (esta página).

POR QUÉ FUNCIONA ESTA RECETA Cuando estás asando carne y una verdura, también es bueno agregar una guarnición. Para esta gran alternativa a los crostini, preparamos la polenta con anticipación y la cortamos en triángulos. Luego lo asamos a la parrilla con cebolletas, creando un toque ahumado tanto en la base como en la cobertura. Gorgonzola agrega un toque funky de bienvenida. El uso de una proporción baja de líquido a harina de maíz al cocinar la polenta a fuego lento asegura que las cuñas sean lo suficientemente resistentes para mantenerse juntas durante la parrilla. El aceite de oliva virgen extra aporta riqueza y evita que la polenta quede pegajosa. Después de enfriarse en una bandeja para hornear, la polenta cocida está lo suficientemente firme como para cortarla; 5 minutos sobre fuego caliente hace que el exterior quede crujiente mientras que el interior permanece suave. Asegúrese de que Gorgonzola esté a temperatura ambiente para que se mezcle suavemente.

1 Engrase un molde para hornear cuadrado de 8 x 8 pulgadas, cubra con papel pergamino y engrase el pergamino. Pon a hervir el agua en una cacerola mediana a fuego medio-alto. Agregue el romero y la sal. Vierta lentamente la polenta en el agua en un chorro constante mientras bate constantemente y vuelva a hervir. Reduzca el fuego a medio-bajo y continúe cocinando hasta que los granos de harina de maíz estén

tiernos, aproximadamente 30 minutos, revolviendo cada pocos minutos. (La polenta debe ser muy espesa). Fuera del fuego, agregue 3 cucharadas de aceite de oliva y transfiera la polenta a la sartén preparada, alise la parte superior con una espátula de goma y deje que se enfríe por completo, aproximadamente 30 minutos. Envuélvalo bien en una envoltura de plástico y refrigere hasta que la polenta esté muy firme, 2 horas.

2 Retira la polenta del molde para hornear y voltéala sobre una tabla para cortar; descartar pergamino. Cortar en 4 cuadrados iguales y luego cortar cada cuadrado en 4 triángulos; refrigere hasta que esté listo para asar. Mezcle las cebolletas con la cucharadita de aceite restante.

3A Para una parrilla de carbón Abra completamente el respiradero inferior. Encendedor de chimenea grande y liviano lleno de briquetas de carbón (6 cuartos). Cuando las brasas superiores estén parcialmente cubiertas de ceniza, vierta uniformemente sobre la mitad de la parrilla. Coloque la parrilla de cocción en su lugar, cubra y abra la ventilación de la tapa por completo. Caliente la parrilla hasta que esté caliente, unos 5 minutos.

3B Para una parrilla de gas Encienda todos los quemadores, cubra y caliente la parrilla hasta que esté caliente, aproximadamente 15 minutos.

4 Limpie y engrase la rejilla de cocción, luego frote repetidamente la rejilla con toallas de papel bien engrasadas hasta que la rejilla esté negra y brillante, de 5 a 10 veces. Asa los triángulos de polenta y las cebolletas (tapado si usas gas) hasta que la polenta y las cebolletas estén ligeramente carbonizadas por ambos lados, de 5 a 7 minutos, volteándolas según sea necesario. Cuando la polenta y las cebolletas terminen de cocinarse, transfiera la polenta a una fuente para servir y las cebolletas a la tabla de cortar. Pica las cebolletas y combínalas con el gorgonzola y la crema en un tazón pequeño.

5 Cubra cada gajo de polenta con una cucharadita colmada de la mezcla de gorgonzola. Rocíe con miel y sirva.

25. Pajeón

Sirve de 6 a 8 (hace dos panqueques de 10 pulgadas) | Tiempo activo 50 minutos

Tiempo total 50 minutos

Salsa de acompañamiento

2 cucharadas de salsa de soya

1 cucharada de agua

2 cucharaditas de vinagre de arroz sin sazonar

1 cucharadita de aceite de sésamo tostado

½–1 cucharadita de gochugaru

½ cucharadita de azúcar

Panqueques

10 cebolletas

1 taza (5 onzas) de harina para todo uso

¼ de taza (1 onza) de fécula de patata

1 cucharadita de azúcar

1 cucharadita de polvo de hornear

½ cucharadita de pimienta

¼ de cucharadita de bicarbonato de sodio

¼ de cucharadita de sal de mesa

1 taza de agua helada

2 dientes de ajo, picados

6 cucharadas de aceite vegetal, divididas

Inicio

Prepare la salsa para mojar hasta 1 día antes; refrigere hasta 30 minutos antes de servir.

Línea de meta

Para servir a más de 6 comensales, corte los panqueques en gajos más angostos.

Par perfecto

Acompaña las tortitas con bocaditos como Berenjena Marinada con Alcaparras y Menta (esta página) o Croquetas de Cangrejo (esta página).

POR QUÉ FUNCIONA ESTA RECETA El renombrado panqueque de cebollín de Corea es un placer ideal en cualquier momento que se sentirá tentado a comer directamente de la sartén junto con su salsa ácida, dulce y picante. La proporción de relleno a masa es alta en estos panqueques crujientes y masticables, y las cebolletas generalmente se cortan en trozos, por lo que el efecto se asemeja a un nido de tallos verdes unidos por la masa viscosa. A medida que chisporrotea en la sartén, el panqueque se dora y el interior se vuelve suave y denso. Agregar almidón de papa a la harina para todo uso le da a la masa más almidón para que quede crujiente; la composición química de la fécula de patata también ayuda a mantener las moléculas de almidón separadas después del enfriamiento para que la corteza permanezca crujiente. Dado que los almidones absorben el agua fría más lentamente que el agua a temperatura ambiente, el uso de agua helada en la masa minimiza la hidratación. ayudando a que los panqueques se tuesten más fácilmente durante la fritura. El bicarbonato de sodio eleva el pH de la masa y aumenta el dorado; el polvo de hornear abre la miga para que no quede gomosa. Presionar los panqueques en la sartén después de voltearlos también fomenta el dorado. Compre la variedad gruesa de gochugaru (hojuelas de pimiento rojo coreano), que a veces se etiqueta como "polvo grueso". Use una cucharadita llena si prefiere una salsa para mojar más picante. Puedes sustituir la maicena por fécula de patata. " Use una cucharadita llena si prefiere una salsa para mojar más picante. Puedes sustituir la maicena por fécula de patata. " Use una cucharadita llena si prefiere una salsa para mojar más picante. Puedes sustituir la maicena por fécula de patata.

1 Para la salsa para mojar Batir todos los ingredientes en un tazón pequeño; dejar de lado.

2 Para los panqueques Cubra 2 platos grandes con una capa doble de toallas de papel y reserve. Separe las partes verde oscuro de las cebolletas de las partes blancas y verde claro. Reduzca a la mitad las partes blanca y verde claro a lo largo. Corte todas las partes de la cebolleta en trozos de 2 pulgadas y reserve. Batir la harina, la fécula de patata, el azúcar, el polvo de hornear, la pimienta, el bicarbonato de sodio y la sal en un tazón mediano. Agregue agua helada y ajo y bata hasta que quede suave. Usando una espátula de goma, incorpore las cebolletas hasta que la mezcla se combine uniformemente.

3 Caliente 2 cucharadas de aceite vegetal en una sartén antiadherente de 10 pulgadas a fuego medio-alto hasta que empiece a humear. Revuelva la masa para recombinar. Pase la hoja de la espátula por el centro de la masa para reducirla a la mitad, luego raspe la mitad de la masa en el centro de la sartén. Extienda en círculos de un grosor uniforme, cubriendo el fondo de la sartén,

usando una espátula o pinzas para mover las cebolletas según sea necesario para que se distribuyan uniformemente en una sola capa. Agite la sartén para distribuir el aceite debajo del panqueque y cocine, ajustando el calor según sea necesario para mantener un chisporroteo suave (reduzca el fuego si el aceite comienza a humear), hasta que las burbujas en el centro del panqueque exploten y dejen agujeros en la superficie y la parte inferior esté dorada, de 3 a 5 minutos . Voltee el panqueque y presione firmemente en la sartén con el dorso de la espátula para aplanarlo. Agregue 1 cucharada de aceite vegetal a los bordes de la sartén y continúe cocinando, presionando el panqueque de vez en cuando para aplanarlo. hasta que el segundo lado esté manchado de color marrón dorado, de 2 a 4 minutos. Transferir al plato preparado.

4 Repita con las 3 cucharadas restantes de aceite vegetal y la masa restante. Deje que el segundo panqueque se escurra en el segundo plato preparado durante 2 minutos. Corte cada panqueque en 6 gajos y transfiéralo a un plato. Servir, pasando la salsa por separado.

26. Cuadrados De Espinaca

Sirve de 10 a 12 (hace 32 cuadrados) | Tiempo activo 20 minutos
Tiempo total 1 hora, más 20 minutos de refrigeración
1 taza (5 onzas) más 2 cucharadas de harina para todo uso
1 cucharadita de polvo de hornear
¾ cucharadita de sal de mesa
½ cucharadita de pimienta
¼ de cucharadita de pimienta de cayena
1 taza de caldo de pollo
3 huevos grandes
20 onzas de espinacas picadas congeladas, descongeladas y exprimidas
12 onzas de queso gruyère, rallado (3 tazas)
1 cebolla, picada fina
2 dientes de ajo, picados
1 onza de queso parmesano, rallado (½ taza)
Inicio
Hornee y enfríe los cuadrados, luego refrigere por hasta 1 día. Vuelva a calentar los cuadrados refrigerados, cubiertos con papel aluminio, en un horno a 375 grados durante 25 minutos.

Par perfecto

Agregue acompañamientos refrescantes como Horiatiki Salata (esta página) o Rémoulade de manzana e hinojo (esta página).

POR QUÉ FUNCIONA ESTA RECETA Una técnica simple de revolver y hornear, un montón de sabor a queso y la facilidad para comer con los dedos han hecho que este entremés de espinacas sea un anfitrión ajetreado o un ayudante de anfitriona durante décadas. Cheddar se usa a menudo en el sur, donde este aperitivo es popular, pero preferimos una combinación de gruyère con nueces y parmesano. También cambiamos la leche tradicionalmente utilizada en la masa por un sabroso caldo de pollo. Eliminar la humedad adicional de las espinacas evita que nuestros cuadrados se empapen. Aumentar la temperatura del horno, cocinar los cuadrados en la rejilla media superior y rociar más queso parmesano sobre los cuadrados nos da una parte superior dorada y crujiente. Descongele las espinacas en el microondas o durante la noche en el refrigerador. Para exprimir las espinacas, colócalas en un paño de cocina limpio, junta los bordes y escúrrelas.

1 Ajuste la rejilla del horno a la posición media superior y caliente el horno a 375 grados. Rocíe una fuente para hornear de 13 por 9 pulgadas con aceite vegetal en aerosol. Batir la harina, el polvo de hornear, la sal, la pimienta y la pimienta de cayena en un tazón grande. Agregue el caldo y los huevos y bata hasta que quede suave. Agregue las espinacas, el gruyère, la cebolla y el ajo hasta que se mezclen.

2 Transfiera la mezcla a la fuente para hornear preparada y espolvoree con queso parmesano. Hornee hasta que se dore por encima y burbujee alrededor de los bordes, de 40 a 45 minutos. Dejar enfriar en el molde durante 20 minutos. Cortar en 32 cuadrados del mismo tamaño. Servir tibio.

27. Karaage

Sirve de 6 a 8 | Tiempo activo 45 minutos
Tiempo total 45 minutos, más 30 minutos de marinado
3 cucharadas de salsa de soya
2 cucharadas de sake
1 cucharada de jengibre fresco rallado
2 dientes de ajo, picados
¾ cucharadita de azúcar
⅛ cucharadita de sal de mesa
1½ libras de muslos de pollo deshuesados y sin piel, recortados y cortados transversalmente en tiras de 1 a 1½ pulgadas de ancho
1¼ tazas (5 onzas) de maicena
1 litro de aceite vegetal para freír
Rodajas de limón

Inicio
Corte los muslos de pollo en tiras con hasta 1 día de anticipación. Refrigera hasta el momento de marinar.

Línea de meta
El alioli (esta página) y la salsa cremosa de queso azul (esta página) son excelentes salsas para untar.

Par perfecto
Pruebe las nueces especiadas con canela y jengibre (esta página) o la ensalada de cítricos y radicchio con dátiles y almendras ahumadas (esta página) junto con el karaage.

POR QUÉ FUNCIONA ESTA RECETA Este bocadillo de bar japonés es un sueño para los amantes del pollo frito: tiras jugosas y profundamente sazonadas de muslos de pollo deshuesados y sin piel envueltos en una corteza supercrujiente. Un mínimo de aceite y una fritura rápida hacen que sea muy fácil de cocinar. Marinar brevemente la carne en una mezcla de salsa de soya, sake, jengibre, ajo, azúcar y sal le da al pollo un sabor sabroso y aromático. Rebozar el pollo en maicena, en lugar de la tradicional fécula de patata, hace que la capa quede menos pegajosa. Sacudir el exceso de almidón y dejar reposar las piezas dragadas mientras el aceite se calienta le da tiempo al almidón para que se hidrate. Frotar los parches secos con la marinada reservada evita la formación de polvo. Recomendamos usar un rallador estilo raspador para rallar el jengibre. Use un horno holandés que tenga capacidad para 6 cuartos o más. No sustituya las pechugas de pollo por muslos; se secarán durante la fritura.

1 Combine la salsa de soya, el sake, el jengibre, el ajo, el azúcar y la sal en un tazón mediano. Agregue el pollo y revuelva para combinar. Deje reposar a temperatura ambiente durante 30 minutos. Mientras el pollo se marina, cubra una bandeja para hornear con borde con papel pergamino. Coloque la rejilla en la segunda bandeja para hornear con borde y cubra la rejilla con una capa triple de toallas de papel. Coloque la maicena en un tazón ancho.

2 Saca el pollo de la marinada, 1 pieza a la vez, permitiendo que el exceso de marinada vuelva a gotear en el tazón, pero dejando los trozos de ajo o jengibre en el pollo. Cubra el pollo con maicena, sacuda el exceso y colóquelo en una hoja forrada con pergamino. Reserva la marinada.

3 Caliente el aceite en un horno holandés grande a fuego medio-alto a 325 grados. Mientras el aceite se calienta, revise las piezas de pollo en busca de manchas blancas de maicena seca. Sumerja el dorso de la cuchara en la marinada reservada y presione suavemente sobre los lugares secos para humedecer ligeramente.

4 Usando pinzas, agregue la mitad del pollo, una pieza a la vez, al aceite en una sola capa. Cocine, ajustando el quemador si es necesario para mantener la temperatura del aceite entre 300 y 325 grados, hasta que el pollo esté dorado y crujiente, de 4 a 5 minutos. Con una espumadera tipo araña o una espumadera, transfiera el pollo a una rejilla forrada con toallas de papel. Regrese el aceite a 325 grados y repita con el pollo restante. Servir con rodajas de limón.

28. Alitas de pollo al horno

Sirve de 6 a 8 | Tiempo activo 20 minutos
Tiempo total 1 hora

3 libras de alitas de pollo, cortadas por la mitad en la articulación y sin las puntas de las alas, recortadas

1 cucharada de levadura en polvo

½ cucharadita de sal de mesa

⅔ taza de salsa de pimienta de cayena original RedHot de Frank

1 cucharada de mantequilla sin sal, derretida

1 cucharada de melaza

Par perfecto

La mayonesa de arce y chipotle (esta página) es otra excelente salsa para mojar. Agregue frescura con Horiatiki Salata (esta página) o Ensalada de hinojo, naranja y aceitunas (esta página) y Coliflor y garbanzos marinados con azafrán (esta página).

POR QUÉ FUNCIONA ESTA RECETA Para este clásico de bar, nos propusimos deshacernos de la freidora, pero aun así producimos alitas que no decepcionarían. Hornearlos significa que podemos usar la estufa para preparar otros platos pequeños y tener todo listo al mismo tiempo. El polvo de hornear ayuda a secar la piel de nuestras alas para que se vuelvan crujientes cuando se asan en un horno muy caliente; hornearlos sobre una rejilla permite que la grasa extraída se escurra. Un rápido paso debajo del asador hace que la piel quede aún más crujiente y asegura un carbonizado sabroso. Una cucharada de melaza agrega profundidad y riqueza a estas alitas horneadas pero aún así deliciosas que son maravillosas con salsa cremosa de queso azul (esta página). El sabor suave de la Salsa de Pimienta de Cayena Original RedHot de Frank es crucial para el sabor de este plato; no sugerimos sustituir otra salsa picante aquí.

1 Ajuste la rejilla del horno a la posición media y caliente el horno a 475 grados. Cubra la bandeja para hornear con borde con papel de aluminio y cubra con una rejilla de alambre. Seque las alas con toallas de papel, luego mezcle con polvo de hornear y sal en un tazón. Acomode las alitas en una sola capa sobre una rejilla. Ase las alitas hasta que estén doradas por ambos lados, unos 40 minutos, volteando las alitas y girando la bandeja a la mitad del asado.

2 Mientras tanto, mezcle la salsa picante, la mantequilla y la melaza en un tazón grande.

3 Retire las alitas del horno. Ajuste la rejilla del horno a 6 pulgadas del elemento para asar y caliente el asador. Ase las alas hasta que estén doradas por ambos lados, de 6 a 8 minutos, volteando las alas a la mitad del asado. Agregue las alitas a la salsa y revuelva para cubrir. Atender.

29. Rollos de huevo fáciles

8 porciones (hace 8 rollos de huevo) | Tiempo activo 40 minutos
Tiempo total 40 minutos

8 onzas de carne de cerdo molida
6 cebolletas, partes blancas y verdes separadas y en rodajas finas
3 dientes de ajo, picados
2 cucharaditas de jengibre fresco rallado
3 tazas (7 onzas) de mezcla de ensalada de col
4 onzas de champiñones shiitake, sin tallo y picados
3 cucharadas de salsa de soya
1 cucharada de azúcar
1 cucharada de vinagre blanco destilado
2 cucharaditas de aceite de sésamo tostado
8 envoltorios de rollo de huevo
2 tazas de aceite vegetal

Inicio

Transfiera los rollos de huevo con forma a un plato forrado con papel pergamino, envuélvalos bien en una envoltura de plástico y refrigere por hasta 1 día. Alternativamente, congele los rollos de huevo en un plato, transfiéralos a una bolsa con cierre hermético y congélelos hasta por 1 mes. No descongelar antes de cocinar; aumente el tiempo de cocción en aproximadamente 1 minuto por lado.

Línea de meta

Sirva los rollos de huevo calientes con salsa de pato, mostaza picante china o salsa para mojar con vinagre de soya (esta página).

Par perfecto

Sirva con En Choy salteado con ajo (esta página), Tempeh con salsa Sambal (esta página) o Ensalada de melón con aceitunas y cebolla morada (esta página).

POR QUÉ FUNCIONA ESTA RECETA Los rollos de huevo son la merienda perfecta para un bar, fáciles de tomar y crujir mientras tomas tu bebida. Para los rollos de huevo lo suficientemente rápidos como para prepararlos en casa, usamos una mezcla de ensalada de col en bolsas y carne de cerdo molida, que es un sustituto fácil y delicioso de la carne de cerdo fresca picada que requieren las recetas tradicionales. Una mezcla simple de ingredientes sabrosos (ajo, jengibre, salsa de soya y azúcar) hace una salsa sabrosa para darle sabor al relleno. Freír los rollos poco a poco en una sartén con solo ½ pulgada de aceite en lugar de freírlos hace que la cocción sea más fácil y la limpieza más rápida, al mismo tiempo que garantiza deliciosos rollos de huevo crujientes. Esta receta se puede duplicar fácilmente: extienda el tiempo de cocción de la mezcla de carne de cerdo a unos 5 minutos en el paso 1 y fría los rollos de huevo en dos tandas.

1 Cocine la carne de cerdo en una sartén antiadherente de 12 pulgadas a fuego medio-alto hasta que ya no esté rosada, aproximadamente 5 minutos, rompiendo la carne con una cuchara de madera. Agregue las cebolletas, el ajo y el jengibre y cocine hasta que estén fragantes, aproximadamente 1 minuto. Agregue la mezcla de ensalada de col, los champiñones, la salsa de soya, el azúcar y el vinagre y cocine hasta que el repollo se ablande, aproximadamente 3 minutos.

2 Fuera del fuego, agregue el aceite de sésamo y las hojas de cebollín. Transfiera la mezcla de cerdo a un plato grande, extiéndala en una capa uniforme y refrigere hasta que se enfríe lo suficiente como para manipularla, aproximadamente 5 minutos. Limpie la sartén con toallas de papel.

3 Llene un tazón pequeño con agua. Trabajando con un envoltorio de rollo de huevo a la vez, oriente los envoltorios en el mostrador de modo que una esquina apunte hacia el borde del mostrador. Coloque ⅓ de taza de relleno ligeramente compactado en la mitad inferior de la envoltura y moldee con los dedos en una forma cilíndrica prolija. Con las yemas de los dedos, humedezca todo el borde del envoltorio con una fina capa de agua.

4 Dobla la esquina inferior de la envoltura hacia arriba y sobre el relleno y presiónala hacia abajo en el otro lado del relleno. Dobla ambas esquinas laterales del envoltorio sobre el relleno y presiona suavemente para sellar. Enrolle el relleno sobre sí mismo hasta que el envoltorio esté completamente sellado. Deje el rollo de huevo con la costura hacia abajo en el mostrador y cúbralo con una toalla de papel húmeda mientras rellena y da forma a los rollos de huevo restantes.

5 Cubra un plato grande con una capa triple de toallas de papel. Caliente el aceite vegetal en una sartén ahora vacía a fuego medio a 325 grados. Usando pinzas, coloque todos los rollos de huevo en la sartén, con la juntura hacia abajo, y cocine hasta que estén dorados, de 2 a 4 minutos por lado. Transfiera a un plato preparado y deje enfriar un poco, aproximadamente 5 minutos. Atender.

30. Tortitas De Arroz Integral Con Espinacas Y Edamame

Sirve de 8 a 10 (hace 24 pasteles) | Tiempo activo 35 minutos
Tiempo total 1¼ horas

salsa de soya
¼ taza de salsa de soya
2 cucharadas de vinagre de arroz sin sazonar
2 cucharadas de mirin
2 cucharadas de agua
1 cebollín, en rodajas finas
½ cucharadita de aceite de sésamo tostado

Pasteles de arroz
1¾ tazas de agua
1 taza de arroz integral de grano corto
1 taza de espinacas tiernas
¾ taza de edamame sin cáscara congelado, descongelado y secado
2 hojas de nori (8 por 7½ pulgadas), desmenuzadas
2 cebolletas, en rodajas finas
¼ taza de semillas de sésamo blanco, tostadas, cantidad dividida
2 cucharaditas de jengibre fresco rallado
½ cucharadita de sal de mesa
2 cucharaditas de aceite de sésamo tostado

Inicio
Refrigere los pasteles de arroz, tapados, hasta 1 día antes de servirlos; deje que alcance la temperatura ambiente antes de servir.

Par perfecto
Para llenar platos pequeños untables, sirva con huevos marinados en soya (esta página) y ensalada de cangrejo y mizuna (esta página).

POR QUÉ FUNCIONA ESTA RECETA Para bocados del tamaño de un bocado con una complejidad apetecible, nos inspiramos en el onigiri, un alimento básico japonés de arroz blanco que generalmente tiene forma de paquetes triangulares y se rellena con trozos de pescado, ciruelas en escabeche, vegetales marinos u otros ingredientes. Nuestra receta se aleja de la preparación tradicional comenzando con arroz integral de grano corto, que trituramos en el procesador de alimentos junto con espinacas y edamame. Este paso de procesamiento libera el almidón del arroz, lo que hace que la mezcla sea fácil de moldear y también nos permite combinar una buena cantidad de mezcla de espinacas con el arroz. Sacamos porciones de la mezcla de arroz y, con las manos ligeramente humedecidas, presionamos cada una en un disco pequeño. Enrollamos los bordes en semillas de sésamo tostadas, que agregan un contraste crujiente y de nuez al arroz.

1 Para la salsa de soya Combine todos los ingredientes en un tazón pequeño; dejar de lado.

2 Para las tortitas de arroz Lleva el agua y el arroz a fuego lento en una cacerola grande a fuego alto. Reduzca el fuego a bajo, cubra y cocine a fuego lento hasta que el arroz esté tierno y se absorba el agua, de 40 a 45 minutos. Fuera del fuego, coloque un paño de cocina limpio debajo de la tapa y déjelo reposar durante 10 minutos. Esponje el arroz con un tenedor y cubra.

3 Pulse la espinaca, el edamame, el nori, las cebolletas, 2 cucharadas de semillas de sésamo, el jengibre, la sal y el aceite de sésamo en un procesador de alimentos hasta que la mezcla esté finamente molida (no debe quedar suave), unas 10 pulsaciones. Agregue el arroz y pulse hasta que el arroz esté picado en trozos grandes y la mezcla esté bien combinada, aproximadamente 8 pulsos.

4 Divida la mezcla de arroz en 24 porciones (alrededor de 1½ cucharadas cada una) y colóquelas en una bandeja para hornear forrada con pergamino. Con las manos ligeramente humedecidas, enrolle cada una en una bola, luego presione en un disco de aproximadamente 1½ pulgadas de ancho y ¾ de pulgada de grosor. Extienda las 2 cucharadas restantes de semillas de sésamo en un plato. Enrolle suavemente los lados de los discos en semillas de sésamo, presione ligeramente para adherirlos y transfiéralos a una fuente para servir. Servir con salsa de soya.

31. Deslizadores de hamburguesa con queso y chile verde

Sirve de 10 a 12 (hace 12 controles deslizantes) | Tiempo activo 50 minutos
Tiempo total 50 minutos, más 30 minutos de refrigeración
5 cucharadas de aceite vegetal, divididas
1 cebolla, picada fina
3 latas (4 onzas) de chiles verdes picados, escurridos
1 diente de ajo picado
¼ taza de mayonesa
1 cucharada de jugo de lima
¾ cucharadita de sal de mesa, cantidad dividida
1 libra de carne de res molida magra al 85 por ciento
¼ cucharadita de pimienta
4 onzas de queso Pepper Jack, rallado (1 taza)
12 panecillos blancos suaves para cena o panecillos deslizantes para hamburguesa, rebanados y tostados
Inicio
Prepare y refrigere las empanadas y la salsa hasta por 1 día antes de cocinarlas.
Par perfecto
Sirva los controles deslizantes con tomates verdes fritos (esta página) o batatas en espiral con chalotes crujientes, pistachos y urfa (esta página).
POR QUÉ FUNCIONA ESTA RECETA Para estos controles deslizantes, queríamos todo el gran carbón y la carne jugosa de una hamburguesa de tamaño completo en un paquete diminuto. Para crear una corteza sabrosa en una hamburguesa pequeña y mantener un interior húmedo, necesita una verdadera ráfaga de calor que pueda dorar el exterior rápidamente, por lo que usamos una sartén de hierro fundido. Para llevar el sabor al siguiente nivel, agregamos una doble dosis de chiles verdes, tanto en la carne como encima de las hamburguesas. Sofreímos la cebolla, el ajo y los chiles verdes enlatados, luego hacemos puré parte de esa mezcla y la agregamos a la carne molida. Refrigerar las hamburguesas durante 30 minutos asegura que los discos delgados y delicados sean fáciles de manejar. Para la cobertura, reservamos ½ taza de la mezcla de chile verde salteado sin puré y la combinamos con mayonesa, jugo de limón y sal para untar que agrega humedad y sabor extra a los controles deslizantes. El uso de pimienta Jack rallada ayuda a garantizar que el queso se derrita uniformemente en las

hamburguesas. Forme las hamburguesas ½ pulgada más anchas que los panecillos; después de que las hamburguesas se encojan durante la cocción, tendrán el tamaño perfecto. Al voltear estas empanadas delgadas y húmedas, es útil usar dos espátulas.

1 Caliente una sartén de hierro fundido de 12 pulgadas a fuego medio durante 3 minutos. Agregue 2 cucharadas de aceite y caliente hasta que brille. Agregue la cebolla y cocine hasta que se ablande, aproximadamente 5 minutos. Agregue los chiles y el ajo y cocine hasta que estén fragantes, aproximadamente 1 minuto. Transfiera la mezcla al procesador de alimentos y procese hasta obtener una pasta suave, aproximadamente 1 minuto, raspando los lados del tazón según sea necesario. Combine ½ taza de pasta de chile procesada, mayonesa, jugo de limón y ¼ de cucharadita de sal en un tazón; reservar para servir.

2 Agregue la pasta de chile restante, la carne de res, ½ cucharadita de sal y ¼ de cucharadita de pimienta en un tazón grande y amase con las manos hasta que se mezclen uniformemente. Divida la mezcla de carne en 12 bolas ligeramente empaquetadas, luego aplástelas en hamburguesas de ¼ de pulgada de grosor. Transfiera las hamburguesas a una fuente y refrigere hasta que se enfríen, aproximadamente 30 minutos.

3 Limpie la sartén ahora vacía con toallas de papel y caliéntela a fuego medio durante 5 minutos. Agregue 1 cucharada de aceite y caliente hasta que empiece a humear. Coloque 4 hamburguesas en la sartén y cocine, sin moverlas, hasta que estén bien doradas por el primer lado, aproximadamente 2 minutos. Voltee las hamburguesas y cubra con 1 cucharada colmada de pimienta Jack. Cubra y continúe cocinando hasta que esté bien dorado en el segundo lado y el queso se derrita, aproximadamente 2 minutos.

4 Repita en dos lotes con las 2 cucharadas restantes de aceite, hamburguesas y pepper Jack. Sirva las hamburguesas en bollos, cubra con salsa de chile.

32. Controles deslizantes a base de plantas de pub clásico

Sirve de 6 a 8 (hace 8 controles deslizantes) | Tiempo activo 50 minutos

Tiempo total 50 minutos, más 15 minutos de refrigeración

salsa de hamburguesa

2 cucharadas de mayonesa a base de plantas o de huevo

1 cucharada de salsa de tomate

1 cucharadita de condimento de pepinillos dulces

½ cucharadita de azúcar

½ cucharadita de vinagre blanco destilado

½ cucharadita de pimienta

Controles deslizantes

12 onzas de carne molida a base de plantas

¼ de cucharadita de sal de mesa

¼ cucharadita de pimienta

8 panes de hamburguesa deslizantes

4 rebanadas de queso vegetal o lácteo (4 onzas)

4 cucharaditas de aceite vegetal, dividido

¼ taza de cebolla finamente picada, dividida

¼ taza de agua, dividida

Inicio

Forme y refrigere las empanadas hasta por 1 día antes de cocinarlas. Refrigere la salsa hasta por 4 días.

Par perfecto

Mientras se cocinan los controles deslizantes, ofrezca a sus invitados paté fácil de champiñones (esta página), pimentón ahumado y almendras especiadas (esta página) o encurtidos rápidos de hinojo (esta página).

POR QUÉ FUNCIONA ESTA RECETA Los controles deslizantes presentan toda la bondad abundante de una hamburguesa de tamaño completo concentrada en unos pocos bocados, perfecta para un plato pequeño para untar. La hamburguesa jugosa con un exterior carbonizado se incrusta con cebolla picada, se cubre con queso derretido y se intercala en un bollo suave al vapor. Estos controles deslizantes cuentan con carne de origen vegetal, apto para veganos y vegetarianos. La carne se cocina en minutos (más rápido que la carne molida), por lo que presionamos las hamburguesas en discos uniformes de 3 pulgadas para asegurarnos de que se cocinen al mismo ritmo. Las hamburguesas también son más delicadas que las hechas con carne de res, por lo que enfriarlas brevemente antes de cocinarlas las hace más fáciles de manejar. Presionar la cebolla picada en las empanadas con una espátula ayuda a que se adhiera. Después de voltear las empanadas, las cubrimos con queso y las tapas de pan, agregamos un poco de agua a la sartén, y tapar para ablandar la cebolla y derretir el queso a la perfección. Puede usar cualquier molde para pastel o fuente para hornear para presionar las hamburguesas, pero preferimos el vidrio para que pueda ver el tamaño de la hamburguesa mientras presiona.

1 Para la salsa de hamburguesa Batir todos los ingredientes en un tazón.

2 Para los deslizadores Corte los lados de una bolsa con cierre de cremallera de 1 cuarto, dejando intacta la costura inferior. Con las manos humedecidas, pellizque y enrolle la carne molida en 8 bolas (1½ onzas cada una). Encierre 1 bola en una bolsa partida. Usando un molde transparente para pastel o una fuente para hornear, presione la bola en una hamburguesa de 3 pulgadas de ancho. Retire la hamburguesa de la bolsa y transfiérala a una bandeja para hornear. Repita con las bolas restantes. Espolvorea las empanadas con sal y pimienta. Transfiera las empanadas al refrigerador y enfríe durante 15 minutos.

3 Divida la salsa de manera uniforme entre los fondos de los panes. Acomode los fondos de los panecillos en una fuente para servir. Apila el queso y córtalo en cuartos (tendrás 16 piezas).

4 Caliente 2 cucharaditas de aceite en una sartén antiadherente de 12 pulgadas a fuego medio-alto hasta que empiece a humear. Usando una espátula, transfiera 4 hamburguesas a la sartén. Espolvorea 2 cucharadas de cebolla de manera uniforme sobre la parte superior de las hamburguesas y presiona firmemente en las hamburguesas con el dorso de la espátula. Cocine las hamburguesas hasta que estén bien doradas por el primer lado, aproximadamente 1 minuto. Voltee las hamburguesas y cubra cada una con 2 piezas de queso; agregue la parte superior del bollo. Agregue 2 cucharadas de agua a la sartén (no moje los bollos), cubra y continúe cocinando hasta que el queso se derrita, aproximadamente 90 segundos.

5 Transfiera los controles deslizantes a los fondos de panecillo preparados, cubra con papel de aluminio y reserve mientras cocina las hamburguesas restantes. Limpie la sartén con toallas de papel. Repita con las 2 cucharaditas de aceite restantes, las 4 hamburguesas restantes, las 2 cucharadas de cebolla restantes, los bollos restantes y las 2 cucharadas de agua restantes. Atender.

aplicaciones de freidora

Saque su freidora de aire cuando quiera hacer bocados pequeños para grupos pequeños. Evitarás sobrecalentar la cocina y tu estufa y horno estarán disponibles si quieres cocinar otros platos. Nuestros aperitivos fritos al aire, desde papas fritas hasta alitas, son fáciles de preparar y de devorar.

¿Tienes más gente para alimentar? Todas estas recetas se pueden duplicar. Simplemente duplique todos los ingredientes y cocine en lotes.

33. Chips de pita integrales con pimienta

Sirve de 2 a 4 (hace 16 chips)

1 (8 pulgadas) de pita de trigo 100 por ciento integral
Aerosol de aceite de oliva
⅛ cucharadita de sal de mesa
⅛ cucharadita de pimienta

1 Con tijeras de cocina, corte alrededor del perímetro del pan pita y sepárelo en 2 círculos delgados. Rocíe ligeramente ambos lados de cada ronda cortada con aceite en aerosol y espolvoree con sal y pimienta. Corta cada ronda en 8 gajos.

2 Acomode las cuñas en dos capas uniformes en la canasta de la freidora. Coloque la canasta en la freidora y ajuste la temperatura a 300 grados. Cocine hasta que las cuñas estén ligeramente doradas en los bordes, de 3 a 5 minutos. Usando pinzas, mezcle las cuñas suavemente para redistribuirlas y continúe cocinando hasta que estén doradas y crujientes, de 3 a 5 minutos. Deje enfriar por completo, unos 30 minutos, antes de servir. (Las papas fritas se pueden almacenar en un recipiente hermético hasta por 3 días).

34. Alitas de pollo con limón y pimienta

Sirve de 2 a 4

⅛ cucharadita de sal de mesa
¼ cucharadita de pimienta
1 cucharada de ralladura de limón, más rodajas de limón para servir
1 cucharada de perejil fresco picado, eneldo y/o estragón
1 Seque las alas con toallas de papel y espolvoree con sal y pimienta. Coloque las alitas en una capa uniforme en la canasta de la freidora. Coloque la canasta en la freidora y ajuste la temperatura a 400 grados. Cocine hasta que las alas estén doradas y crujientes, de 18 a 24 minutos, volteando las alas a la mitad de la cocción.
2 Combina la ralladura de limón y el perejil en un tazón grande. Agregue las alas y revuelva hasta cubrir uniformemente. Servir con rodajas de limón.
variaciones
Alitas de pollo con parmesano y ajo
Agregue 1 cucharada de queso parmesano rallado y 1 diente de ajo picado a la mezcla de ralladura de limón y perejil.
Alitas de pollo con cilantro y lima
Sustituya la ralladura de lima y las rodajas por limón y el cilantro por perejil. Agregue 1 cucharada de chile jalapeño picado a la mezcla de ralladura de limón y cilantro.
Par perfecto
Dado que una freidora de aire no emite calor, a diferencia de una estufa o un horno, y deja esos equipos libres para otras cocinas, es ideal para cocinar en un día caluroso de verano. Úselo para hacer un lote de espárragos o papas fritas para servir con alitas de pollo u otras proteínas, cuando esté cocinando solo para la familia o un pequeño grupo de invitados.

ENCURTIDOS, DIPS Y UNTABLES

35. Encurtidos rápidos de zanahoria

Sirve 16 (hace 1 cuarto)
Tiempo activo 20 minutos
Tiempo total 20 minutos, más 3 horas de enfriamiento
Asegúrese de usar vinagre de arroz sazonado aquí. Los pepinillos se pueden refrigerar hasta por 1 mes; tenga en cuenta que las verduras se ablandarán con el tiempo.

1 libra de zanahorias, peladas y cortadas en palitos de 4 por ½ pulgada
5 ramitas de estragón fresco
1¼ tazas de vinagre de arroz sazonado
¼ taza de agua
2 dientes de ajo, pelados y partidos por la mitad
¼ de cucharadita de granos de pimienta negra
¼ de cucharadita de semillas de mostaza amarilla

Coloque las zanahorias y el estragón en un frasco de vidrio de 1 cuarto de galón con tapa hermética. Combine el vinagre, el agua, el ajo, los granos de pimienta y las semillas de mostaza en una cacerola pequeña y deje hervir. Vierta la salmuera en el frasco, asegurándose de que todas las verduras estén sumergidas. Dejar enfriar por completo. Cubra con una tapa y refrigere por lo menos 3 horas antes de servir.

36. Espárragos en Escabeche Bloody Mary

Sirve 32 (hace 2 cuartos) | Tiempo activo 25 minutos
Tiempo Total 40 minutos, más 5 días de decapado
2½ tazas de vinagre de sidra
2½ tazas de agua
1½ tazas de jugo de tomate
8 dientes de ajo, picados
3 cucharadas de jugo de limón, más dos rodajas de limón redondas de ¼ de pulgada de grosor (2 limones)
2 cucharadas de salsa Worcestershire
1 cucharada de sal kosher
1 cucharada de rábano picante preparado
2 cucharaditas de semillas de apio
1½ cucharaditas de hojuelas de pimiento rojo
1 cucharadita de pimienta
2 libras de espárragos gruesos, recortados para medir 6 pulgadas de largo

1 Hierva el vinagre, el agua, el jugo de tomate, el ajo, el jugo de limón, la salsa Worcestershire, la sal, el rábano picante, las semillas de apio, las hojuelas de pimiento y la pimienta en un horno holandés a fuego medio-alto. Agregue con cuidado los espárragos a la mezcla de vinagre con las puntas mirando en la misma dirección. Vuelva a hervir brevemente, luego retire inmediatamente del fuego.
2 Usando pinzas, empaque cuidadosamente los espárragos en 2 frascos limpios de 1 cuarto de galón, con las puntas hacia arriba. Usando un embudo y un cucharón, vierta salmuera caliente sobre los espárragos para cubrirlos. Presione suavemente 1 rodaja de limón en cada frasco hasta que se sumerja.
3 Deje que los frascos se enfríen por completo, cubra con tapas y refrigere durante al menos 5 días antes de servir.

37. Quimbombó cajún en escabeche

Sirve 16 (hace 1 cuarto) | Tiempo activo 20 minutos
Tiempo total 35 minutos, más 1 semana de decapado

1½ tazas de vinagre de vino blanco
1 taza de agua
2 cucharadas de azúcar
2 cucharadas de sal kosher
1 cucharadita de pimentón ahumado
1 cucharadita de orégano seco
½ cucharadita de pimienta de cayena
6 dientes de ajo, picados
14 onzas de okra fresca pequeña (3 pulgadas o menos), recortada

1 Hierva el vinagre, el agua, el azúcar, la sal, el pimentón, el orégano y la cayena en una cacerola mediana a fuego medio-alto; Cubrir y retirar del fuego.

2 Porciones de ajo en 2 frascos limpios de 1 pinta. Empaque bien la okra verticalmente en frascos, alternándolos boca abajo y con el lado derecho hacia arriba para que encajen mejor.

3 Devuelva brevemente la salmuera a ebullición. Con un embudo y un cucharón, vierta salmuera caliente sobre las verduras para cubrirlas, dejando un espacio superior de ½ pulgada. Deslice la brocheta de madera por el interior del frasco, presionando ligeramente sobre las verduras, para eliminar las burbujas de aire, luego agregue salmuera adicional según sea necesario.

4 Deje que los frascos se enfríen por completo, cubra con tapas y refrigere durante al menos 1 semana antes de servir.

38. Pimientos Rellenos De Cereza En Escabeche

Sirve de 8 a 10 (hace 20 pimientos rellenos) | Tiempo activo 20 minutos
Tiempo total 20 minutos, más 1 hora de refrigeración

20 pimientos cherry dulces en escabeche (14 onzas)
2 onzas de queso provolone, cortado en cubos de ½ pulgada
2 onzas de jamón en rodajas finas
2 ramitas de albahaca fresca
2 tazas de aceite de oliva virgen extra

1 Retire el tallo y el corazón de los pimientos con un cuchillo para pelar. Enjuague bien los pimientos y séquelos con toallas de papel.
2 Envuelva los cubos de queso en prosciutto y rellene suavemente los pimientos. Divida la albahaca entre dos frascos de 1 pinta, luego empaque bien con los pimientos rellenos. Vierta el aceite sobre los pimientos para cubrir. Cubra los frascos y refrigere por lo menos 1 hora antes de servir.

39. Tapenade De Aceitunas Verdes

Sirve 6 (hace alrededor de 1½ tazas) | Tiempo activo 15 minutos
Tiempo total 15 minutos

2 tazas de aceitunas Castelvetrano sin hueso, cantidad dividida
5 cucharadas de aceite de oliva virgen extra, más extra para rociar
2 cucharadas de alcaparras, enjuagadas
2 cucharadas de perejil fresco picado grueso
3 filetes de anchoa
2 dientes de ajo, picados
2 cucharaditas de ralladura de limón más 2 cucharaditas de jugo
1 cucharadita de tomillo fresco picado
¼ de cucharadita de hojuelas de pimiento rojo

Pulse 1¾ tazas de aceitunas, aceite, alcaparras, perejil, anchoas, ajo, ralladura y jugo de limón, tomillo y hojuelas de pimienta en un procesador de alimentos hasta que las aceitunas estén finamente picadas y la mezcla comience a verse como una pasta gruesa, de 10 a 12 pulsos, raspando los lados de tazón según sea necesario. Agregue el ¼ de taza de aceitunas restante y pulse hasta que estén picadas en trozos grandes, unas 6 pulsaciones. Transferir a un tazón para servir. Servir, rociado con aceite de oliva extra.

40. Queso para untar con pimiento

Sirve 12 (hace alrededor de 3 tazas) | Tiempo activo 15 minutos
Tiempo total 15 minutos

½ taza de pimientos en frasco, escurridos y secos
6 cucharadas de mayonesa
2 dientes de ajo, picados
1½ cucharaditas de salsa Worcestershire
1 cucharadita de salsa picante, más extra para sazonar
1 libra de queso cheddar extra fuerte, rallado (4 tazas)

Procese los pimientos, la mayonesa, el ajo, la salsa Worcestershire y la salsa picante en un procesador de alimentos hasta que quede suave, unos 20 segundos. Agregue el queso cheddar y pulse hasta que se mezcle uniformemente, con trocitos finos de queso, unas 20 pulsaciones. Sazone con sal, pimienta y salsa extra picante al gusto y sirva.

41. Salsa de queso feta batida

Sirve 8 (hace alrededor de 2 tazas) | Tiempo activo 15 minutos
Tiempo total 15 minutos

1½ cucharaditas de jugo de limón
¼ de cucharadita de ajo picado
8 onzas de queso feta de leche de vaca
3 cucharadas de leche
2 cucharadas más 2 cucharaditas de aceite de oliva virgen extra, cantidad dividida
2 cucharaditas de orégano fresco picado

1 Combine el jugo de limón y el ajo en un tazón pequeño y reserve. Rompa el queso feta en trozos ásperos de ½ pulgada y colóquelos en un tazón mediano. Agregue agua hasta cubrir, luego agite brevemente para enjuagar. Pasar a un colador de malla fina y escurrir bien.

2 Transfiera el queso feta al procesador de alimentos. Agregue la leche y la mezcla de jugo de limón reservada y procese hasta que la mezcla de queso feta parezca queso ricotta, aproximadamente 15 segundos. Con el procesador en marcha, rocíe lentamente 2 cucharadas de aceite. Continúe procesando hasta que la mezcla tenga una consistencia similar al yogur griego (quedarán algunos grumos pequeños), de 1½ a 2 minutos, deteniéndose una vez para raspar el fondo y los lados del tazón. Agregue orégano y pulso para combinar. Transfiera la salsa a un tazón. Rocíe con las 2 cucharaditas de aceite restantes y sirva.

42. Labne casero

Sirve de 6 a 8 (hace alrededor de 1 taza) | Tiempo activo 10 minutos
Tiempo total 10 minutos, más 8 horas de drenaje
2 tazas de yogur natural
2 cucharadas de dukkah
Aceite de oliva virgen extra

1 Cubra el colador o el colador de malla fina con una triple capa de gasa y colóquelo sobre un tazón grande o una taza medidora. Coloque el yogur en un colador, cubra con una envoltura de plástico (el plástico no debe tocar el yogur) y refrigere hasta que se haya drenado 1 taza de suero del yogur, al menos 8 horas o hasta 12 horas. (Si se escurre más de 1 taza de suero de leche del yogur, revuelva el exceso en el yogur).
2 Distribuya yogur escurrido de forma atractiva sobre un plato para servir. Espolvorea con dukkah y rocía con aceite al gusto. Atender.

43. Chunky Guacamole

Sirve de 10 a 12 (hace alrededor de 3 tazas) | Tiempo activo 15 minutos
Tiempo total 15 minutos

3 aguacates maduros, divididos
¼ taza de cilantro fresco picado
1 chile jalapeño, sin tallo, sin semillas y picado
2 cucharadas de cebolla roja finamente picada
2 cucharadas de jugo de lima
2 dientes de ajo, picados
¾ cucharadita de sal de mesa
½ cucharadita de comino molido

1 Corta 1 aguacate por la mitad, quita el hueso y saca la pulpa en un tazón mediano. Agregue el cilantro, el jalapeño, la cebolla, el jugo de lima, el ajo, la sal y el comino y triture con un machacador de papas (o un tenedor) hasta que quede casi uniforme.

2 Reduzca a la mitad, deshuese y corte en dados los 2 aguacates restantes. Agregue cubos de aguacate al tazón con la mezcla de puré de aguacate y triture suavemente hasta que la mezcla esté bien combinada pero todavía gruesa. Sazone con sal al gusto y sirva.

44. Hummus ultracremoso

Sirve de 8 a 10 (rinde alrededor de 3 tazas) | Tiempo activo 40 minutos
Tiempo total 50 minutos

2 latas (15 onzas) de garbanzos, enjuagados
½ cucharadita de bicarbonato de sodio
4 dientes de ajo, pelados
⅓ taza de jugo de limón (2 limones), más extra para sazonar
1 cucharadita de sal de mesa
¼ de cucharadita de comino molido, más extra para decorar
½ taza de tahini, bien revuelto
2 cucharadas de aceite de oliva virgen extra, más extra para rociar
1 cucharada de perejil fresco picado

1 Combine los garbanzos, el bicarbonato de sodio y 6 tazas de agua en una cacerola mediana y hierva a fuego alto. Reduzca el fuego para mantener la cocción a fuego lento y cocine, revolviendo ocasionalmente, hasta que la piel de los garbanzos comience a flotar en la superficie y los garbanzos estén cremosos y muy suaves, de 20 a 25 minutos.

2 Mientras se cocinan los garbanzos, pique el ajo. Mida 1 cucharada de ajo y reserve; deseche el ajo restante. Batir el jugo de limón, la sal y el ajo reservado en un tazón pequeño y dejar reposar durante 10 minutos. Cuele la mezcla de ajo y limón a través de un colador de malla fina colocado sobre un tazón, presionando los sólidos para extraer la mayor cantidad de líquido posible; desechar los sólidos.

3 Escurra los garbanzos en un colador y vuelva a colocarlos en la cacerola. Llene la cacerola con agua fría y agite suavemente los garbanzos con los dedos para liberar la piel. Vierta la mayor parte del agua en un colador para recoger las pieles, dejando los garbanzos en la cacerola. Repita el llenado, el silbido y el drenaje 3 o 4 veces hasta que se haya quitado la mayoría de las pieles (esto debería producir alrededor de ¾ de taza de pieles); desechar las pieles. Transfiera los garbanzos al colador para que se escurran.

4 Reserve 2 cucharadas de garbanzos enteros para decorar. Procese la mezcla de ajo y limón, ¼ de taza de agua, comino y los garbanzos restantes en un procesador de alimentos hasta que quede suave, aproximadamente 1 minuto, raspando los lados del tazón según sea necesario. Agregue tahini y aceite y procese hasta que el hummus esté suave, cremoso y liviano, aproximadamente 1 minuto, raspando los lados del tazón según sea necesario. (El hummus debe tener una consistencia vertible similar al yogur. Si es demasiado espeso, afloje con agua, agregando 1 cucharadita a la vez). Sazone con sal y jugo de limón adicional al gusto. Transfiera el hummus a un tazón para servir y espolvoree con perejil, garbanzos reservados y comino adicional. Rocíe con aceite extra y sirva.

45. Hummus De Patata Dulce

Sirve 8 (hace alrededor de 2 tazas) | Tiempo activo 35 minutos
Tiempo total 35 minutos, más 30 minutos de pie

1 libra de batatas, sin pelar
¼ taza de tahini
3 cucharadas de aceite de oliva virgen extra
¾ taza de agua
2 cucharadas de jugo de limón
1 diente de ajo picado
1 cucharadita de pimentón
¾ cucharadita de sal de mesa
½ cucharadita de cilantro molido
¼ de cucharadita de comino molido
¼ de cucharadita de chile chipotle en polvo

Inicio

Refrigere el hummus hasta por 5 días; deje que alcance la temperatura ambiente antes de servir. Si es necesario, agregue 1 cucharada de agua tibia para aflojar la textura.

Línea de meta

Antes de servir, rocíe con aceite de oliva extra virgen y/o espolvoree con semillas de sésamo tostadas y chile chipotle en polvo.

Par perfecto

Cubra el hummus con uno de los ingredientes de esta página. Sirva con ensalada de frijoles pintos, ancho y carne de res (esta página) o vieiras a la sartén (vea esta página).

POR QUÉ FUNCIONA ESTA RECETA Si bien nos encanta el hummus de garbanzos tradicional, pensamos que sería divertido crear una nueva versión que le diera la vuelta al hummus, manteniendo los sabores familiares (tahini, aceite de oliva, ajo y jugo de limón) pero cambiando las legumbres para batatas de colores brillantes. Calentar las batatas en el microondas las ablanda rápidamente y concentra su dulzura. Solo ¼ de taza de tahini es suficiente para hacer frente a las papas sin abrumar al hummus. Para redondear el sabor, añadimos pimentón, cilantro y comino. La adición de chile chipotle y un diente de ajo frena la dulzura de las papas con una calidez suave, mientras que un poco de jugo de limón resalta los sabores.

1 Pinche las batatas varias veces con un tenedor, colóquelas en un plato y cocínelas en el microondas hasta que estén muy blandas, aproximadamente 12 minutos, volteando las papas a la mitad del microondas. Deje que las papas se enfríen durante 5 minutos. Combine el tahini y el aceite en un tazón pequeño.

2 Corte las papas por la mitad a lo largo y saque la pulpa de la piel; desechar las pieles. Procese el camote, el agua, el jugo de limón, el ajo, el pimentón, la sal, el cilantro, el comino y el chile en polvo en un procesador de alimentos hasta que esté completamente suave, aproximadamente 1 minuto, raspando los lados del tazón según sea necesario. Con el procesador en funcionamiento, agregue la mezcla de tahini en un flujo constante y procese hasta que el hummus esté suave y cremoso, aproximadamente 15 segundos, raspando el tazón según sea necesario. Sazone con sal y pimienta al gusto.

3 Transfiera el hummus a un tazón, cubra con una envoltura de plástico y deje reposar a temperatura ambiente hasta que los sabores se mezclen, aproximadamente 30 minutos. Atender.

46. Dip De Mantequilla De Frijoles Y Guisantes Con Menta

Sirve 8 (hace alrededor de 2 tazas) | Tiempo activo 20 minutos
Tiempo total 20 minutos, más 45 minutos de pie
1 diente de ajo pequeño, picado
¼ de cucharadita de ralladura de limón más 2 cucharadas de jugo
1 taza de guisantes congelados, descongelados y secos, cantidad dividida
1 lata (15 onzas) de frijoles de mantequilla, 2 cucharadas de líquido reservado, frijoles enjuagados
1 cebollín, las partes blanca y verde claro cortadas en trozos de ½ pulgada, la parte verde oscuro en rodajas finas al sesgo
¼ taza de hojas de menta fresca
¾ cucharadita de sal de mesa
¼ de cucharadita de cilantro molido
Pizca de pimienta de cayena
¼ taza de yogur griego natural
Inicio
Refrigere la salsa por hasta 1 día; deje reposar a temperatura ambiente durante 30 minutos antes de servir.
Par perfecto
Sirva con tomates rellenos (esta página), Gobi Manchurian (esta página) o queso feta envuelto en Kataifi con tomates y alcachofas (esta página).
POR QUÉ FUNCIONA ESTA RECETA Un aderezo ligero de frijoles que resalta los sabores terrosos y dulces de los frijoles y su textura suave y cremosa no es algo difícil de lograr; de hecho, se nos ocurrieron cuatro versiones sabrosas que cumplen con los requisitos para una deliciosa palatabilidad . El uso de frijoles enlatados hace que la receta sea fácil de preparar. Para hacer que la salsa sea fresca, cremosa y con un sabor complejo, combinamos los frijoles con almidón que forman la base de cada salsa con un complemento más delicado, como guisantes, edamame o maíz. Al incorporar un elemento vegetal más ligero, evitamos la pastosidad de algunas salsas solo de frijoles. Para refrescar aún más la salsa, agregamos yogur griego cremoso, una buena dosis de jugo de limón y hierbas frescas. Preferimos estas salsas cuando se hacen con yogur griego entero, pero se pueden sustituir las variedades al 2 por ciento o al 0 por ciento.

1 Combine el ajo y la ralladura de limón y el jugo en un tazón pequeño; reservar durante al menos 15 minutos. Reserve 2 cucharadas de guisantes para decorar.

2 Pulse los frijoles de mantequilla, el líquido reservado, las cebolletas blancas y las hojas verdes claras, la menta, la sal, el cilantro, la cayena, la mezcla de jugo de limón y los guisantes restantes en el procesador de alimentos hasta que estén completamente molidos, de 5 a 10 pulsos. Raspe los lados del tazón, luego continúe procesando hasta que se forme una pasta uniforme, aproximadamente 1 minuto, raspando los lados del tazón dos veces. Agregue yogur y continúe procesando hasta que quede suave y homogéneo, aproximadamente 15 segundos, raspando el tazón según sea necesario. Transfiera a un tazón para servir, cubra y deje reposar a temperatura ambiente durante al menos 30 minutos.

3 Sazone con sal al gusto. Espolvorea con las hojas de cebolleta y los guisantes reservados. Atender.

variaciones

Dip de frijoles cannellini y edamame con estragón

Aumente la ralladura de limón a ½ cucharadita. Sustituya los guisantes con edamame congelado, los frijoles blancos con frijoles cannellini y la menta con estragón. Omita el cilantro y aumente el yogur a ⅓ de taza.

Dip de frijoles pintos y maíz con cilantro

Sustituya la ralladura y el jugo de lima por limón, el maíz congelado por guisantes, los frijoles pintos por frijoles blancos y el cilantro por menta. Sustituya ¼ de cucharadita de chile chipotle en polvo y ¼ de cucharadita de comino molido por cilantro.

Dip De Frijoles Rosados Y Habas Con Perejil

Omita la ralladura de limón. Sustituya los guisantes por habas congeladas, las habichuelas rosadas por judías blancas y la menta por perejil. Sustituya ¼ de cucharadita de garam masala por cilantro y aumente el yogur a ⅓ de taza.

coberturas saladas para salsas

Una salsa bien hecha no tiene que ser elegante para satisfacer: una llovizna ligera de aceite de oliva virgen extra afrutado o una pizca de hierbas frescas picadas o nueces tostadas es todo el adorno que requieren la mayoría de las salsas. Pero para realmente mejorar su juego de salsas, ya sea que quiera aumentar su salsa favorita para que pueda valerse por sí sola como una comida ligera, para agregar un toque extra de sabor y textura, o hacer todo lo posible para armar una Untar para untar que seguramente impresionará a los invitados: considere agregar un aderezo sabroso. Abundantes y satisfactorios, estos aderezos agregan una intriga irresistible incluso a las salsas más simples.

47. Relleno de ternera Baharat

Sirve de 8 a 10 (hace aproximadamente ¾ de taza)

2 cucharaditas de agua
½ cucharadita de sal de mesa
¼ de cucharadita de bicarbonato de sodio
8 onzas de carne molida magra al 85 %
1 cucharada de aceite de oliva virgen extra
¼ taza de cebolla finamente picada
2 dientes de ajo, picados
1 cucharadita de pimentón picante ahumado
1 cucharadita de comino molido
¼ cucharadita de pimienta
¼ de cucharadita de cilantro molido
⅛ cucharadita de clavo molido
⅛ cucharadita de canela molida
⅓ taza de piñones, tostados, cantidad dividida
2 cucharaditas de jugo de limón
1 salsa de receta
1 cucharadita de perejil fresco picado

1 Combine el agua, la sal y el bicarbonato de sodio en un tazón grande. Agregue la carne y revuelva para combinar. Deje reposar durante 5 minutos.

2 Caliente el aceite en una sartén antiadherente de 12 pulgadas a fuego medio hasta que brille. Agregue la cebolla y el ajo y cocine, revolviendo ocasionalmente, hasta que la cebolla se ablande, de 3 a 4 minutos. Agregue el pimentón, el comino, la pimienta, el cilantro, los clavos y la canela y cocine, revolviendo constantemente, hasta que esté fragante, unos 30 segundos. Agregue la carne y cocine, rompiendo la carne con una cuchara de madera, hasta que la carne ya no esté rosada, aproximadamente 5 minutos. Agregue ¼ de taza de piñones y jugo de limón y mezcle para combinar.

3 Cubre la salsa con la mezcla de carne, el perejil y los piñones restantes. Atender.

Variación

Cobertura a base de plantas con especias Baharat

Omita el agua, la sal y el bicarbonato de sodio de la cobertura y omita el paso 1. En el paso 2, sustituya la carne molida de origen vegetal por carne de res y cocine, rompiendo la carne con una cuchara de madera, hasta que se formen grumos firmes, de 2 a 3 minutos.

48. Cobertura crujiente de champiñones y zumaque

Sirve de 8 a 10 (hace alrededor de 2 tazas)
12 onzas de champiñones ostra, recortados y cortados en trozos de 1½ pulgadas
¼ taza de agua
2 cucharadas de aceite de oliva virgen extra, dividido, más extra para rociar
⅛ cucharadita de sal de mesa
1 limón, en cuartos
1 lata (15 onzas) de garbanzos, enjuagados
2 cucharaditas de zumaque, más extra para servir
1 salsa de receta
¼ taza de hojas de perejil fresco
2 cucharadas de pistachos tostados picados

1 Cocine los champiñones y el agua en una sartén antiadherente de 12 pulgadas a fuego alto, revolviendo ocasionalmente, hasta que los champiñones comiencen a pegarse al fondo de la sartén, de 6 a 8 minutos. Reduzca el fuego a medio-alto y agregue 1 cucharada de aceite y sal. Cocine, revolviendo ocasionalmente, hasta que los champiñones estén crujientes y bien dorados, de 8 a 12 minutos. Transferir al plato.

2 Agregue la cucharada restante de aceite y los cuartos de limón, con los lados cortados hacia abajo, a la sartén ahora vacía y cocine a fuego medio-alto hasta que estén bien dorados en los lados cortados, de 2 a 3 minutos; transferir a un plato con champiñones. Agregue los garbanzos al aceite que quedó en la sartén nuevamente vacía y cocine hasta que estén ligeramente dorados, aproximadamente 2 minutos. Fuera del fuego, agregue el zumaque y mezcle para cubrir. Sazone con sal y pimienta al gusto.

3 Cubra la salsa con champiñones, garbanzos, perejil y pistachos. Espolvorea con zumaque extra y rocía con aceite extra. Sirva con cuartos de limón sellados.

Par perfecto

Use estos aderezos para aumentar uno de los hummus de esta página, o para cubrir Dip de frijoles pintos y maíz con cilantro o Dip de frijoles rosados y habas con perejil (esta página) en lugar de otras guarniciones. Estos ingredientes también combinan muy bien con Skordalia (esta página). También puede optar por servir estos ingredientes en tazones separados junto con una variedad de salsas, encurtidos, crudités y galletas saladas para permitir que los invitados mezclen y combinen a su gusto.

49. **Muhammara**

Sirve de 6 a 8 (hace alrededor de 1½ tazas) | Tiempo activo 15 minutos
Tiempo total 15 minutos
1 taza de pimientos rojos asados, picados
½ taza de nueces, tostadas
⅓ taza de migas de galleta
3 cebolletas, picadas
¼ taza de aceite de oliva virgen extra
1½ cucharadas de melaza de granada
4 cucharaditas de jugo de limón
1½ cucharaditas de pimentón
1 cucharadita de comino molido
½ cucharadita de sal de mesa
⅛ cucharadita de pimienta de cayena

Procese todos los ingredientes en el procesador de alimentos hasta que se forme un puré grueso uniforme, aproximadamente 15 segundos, raspando los lados del tazón a la mitad del procesamiento. Transferir a un bol y servir.

50. caponata

Sirve 8 (hace alrededor de 3 tazas) | Tiempo activo 50 minutos
Tiempo total 1 hora

1½ libras de berenjena, cortada en trozos de ½ pulgada
½ cucharadita de sal de mesa
¾ taza de jugo V8
¼ de taza de vinagre de vino tinto, más extra para sazonar
¼ taza de perejil fresco picado
2 cucharadas de azúcar morena envasada
3 filetes de anchoa, enjuagados y picados
1 tomate grande, sin corazón, sin semillas y picado
¼ taza de pasas
2 cucharadas de aceitunas negras picadas
6–7 cucharaditas de aceite de oliva virgen extra, cantidad dividida
1 costilla de apio, picada fina
1 pimiento rojo, sin tallo, sin semillas y picado fino
1 cebolla pequeña, picada fina
¼ taza de piñones, tostados

Inicio

Refrigere la caponata hasta por 1 semana; deja que alcance la temperatura ambiente antes de servir.

Línea de meta

Sirva la caponata con bruschetta o en un tazón pequeño como acento para antipasti o un meze para untar.

Par perfecto

Sirva la caponata con Pinchos Morunos (esta página) o Camarones Rémoulade (esta página), o utilícela como aderezo alternativo para la Polenta a la parrilla (esta página).

POR QUÉ FUNCIONA ESTA RECETA Caponata, un condimento de berenjena agridulce reforzado con los audaces sabores mediterráneos de anchoas, aceitunas, pasas y piñones, es lo suficientemente bueno para comer directamente del tazón. La berenjena tiende a absorber el aceite como una esponja, por lo que comenzamos calentándola en el microondas sobre una cama de filtros de café, una técnica que colapsa las células de la berenjena y le permite absorber los sabores de los demás ingredientes.

Agregamos sabor a tomate concentrado en forma de jugo V8, un giro poco probable, pero que nos ayuda a evitar incorporar la textura pulposa de los tomates enlatados. Aunque preferimos el sabor del jugo V8, se puede sustituir por jugo de tomate. Si no hay filtros de café disponibles, se pueden sustituir por toallas de papel sin teñir y aptas para alimentos. Asegúrese de sacar la berenjena del microondas inmediatamente después de calentarla para que pueda escapar el vapor.

1 Mezcle la berenjena con sal en un tazón. Cubra la placa con una doble capa de filtros de café y rocíe ligeramente con aceite vegetal en aerosol. Extienda la berenjena en una capa uniforme sobre los filtros de café. Cocine en el microondas hasta que la berenjena esté seca y arrugada a un tercio de su tamaño original, de 8 a 15 minutos (la berenjena no debe dorarse). Transfiera las berenjenas inmediatamente a un plato forrado con toallas de papel.

2 Bate el jugo V8, el vinagre, el perejil, el azúcar y las anchoas en un tazón. Agregue el tomate, las pasas y las aceitunas.

3 Caliente 1 cucharada de aceite en una sartén antiadherente de 12 pulgadas a fuego medio-alto hasta que brille. Agregue la berenjena y cocine, revolviendo ocasionalmente, hasta que los bordes estén dorados, de 4 a 8 minutos, agregando 1 cucharadita más de aceite si la sartén parece seca; transferir a un tazón.

4 Agregue la cucharada de aceite restante a la sartén ahora vacía y caliente a fuego medio-alto hasta que brille. Agregue el apio, el pimiento y la cebolla y cocine, revolviendo ocasionalmente, hasta que se ablanden y los bordes estén manchados de color marrón, de 6 a 8 minutos.

5 Reduzca el fuego a medio-bajo y agregue la berenjena y la mezcla de jugo V8. Llevar a fuego lento y cocinar hasta que el líquido espese y cubra las verduras, de 4 a 7 minutos. Transfiera a un tazón para servir y deje que se enfríe por completo. Sazone con vinagre extra al gusto y espolvoree con piñones antes de servir.

51. <u>baba ghanoush</u>

Sirve 8 (hace alrededor de 2 tazas) | Tiempo activo 25 minutos
Tiempo total 1¼ horas, más 1 hora de refrigeración

2 berenjenas (1 libra cada una), pinchadas por todas partes con un tenedor
2 cucharadas de tahini
2 cucharadas de aceite de oliva virgen extra, más extra para rociar
4 cucharaditas de jugo de limón
1 diente de ajo pequeño, picado
¾ cucharadita de sal de mesa
¼ cucharadita de pimienta
2 cucharaditas de perejil fresco picado

Inicio
Refrigere el baba ghanoush, cubierto herméticamente con una envoltura de plástico, hasta por 1 día; deje reposar a temperatura ambiente durante 20 minutos antes de servir.

Par perfecto
Sirva con ensalada crujiente de lentejas y hierbas (esta página), pasteles de garbanzos (esta página) o cordero Fatayer (esta página).

POR QUÉ FUNCIONA ESTA RECETA Baba ghanoush es un meze básico a base de berenjena en Israel, Líbano, Palestina y más allá. Nos encanta en el verano como un chapuzón frío o a temperatura ambiente, y debido a que se puede preparar con anticipación, también es una excelente adición a la programación de una fiesta de verano. Por conveniencia, preparamos la berenjena en el horno en lugar de asarla a fuego abierto como es tradicional. Pinchamos la piel de las berenjenas para ayudar a que se evapore la humedad durante la cocción y luego las asamos enteras hasta que la carne esté muy suave y tierna. Para evitar un baño acuoso, colocamos la pulpa caliente en un colador para permitir que el exceso de humedad se drene antes de procesarla. Jugo de limón, aceite de oliva, ajo y tahini dan sabor a la salsa. Busque berenjenas con piel brillante, tensa y sin magulladuras y con una forma uniforme (las berenjenas con forma bulbosa no se cocinarán de manera uniforme).

1 Ajuste la rejilla del horno a la posición media y caliente el horno a 500 grados. Coloque las berenjenas en una bandeja para hornear con borde forrada con papel de aluminio y ase, volteando las berenjenas cada 15 minutos, hasta que estén uniformemente blandas cuando se presionen con pinzas, de 40 minutos a 1 hora. Deje que las berenjenas se enfríen durante 5 minutos en una bandeja.

2 Coloque el colador sobre el tazón. Recorte la parte superior e inferior de cada berenjena y córtelas por la mitad a lo largo. Usando una cuchara, saque la pulpa caliente en un colador (debe tener alrededor de 2 tazas); desechar las pieles. Deje que la pulpa se escurra durante 3 minutos.

3 Transfiere las berenjenas escurridas al procesador de alimentos. Agregue tahini, aceite, jugo de limón, ajo, sal y pimienta. Mezcla de pulsos hasta obtener un puré grueso, alrededor de 8 pulsos. Sazone con sal y pimienta al gusto.

4 Transfiera a un tazón para servir, cubra bien con una envoltura de plástico y refrigere hasta que se enfríe, aproximadamente 1 hora. Sazone con sal y pimienta al gusto, rocíe con aceite extra y espolvoree con perejil antes de servir.

52. Skordalia

Sirve de 8 a 10 (hace alrededor de 2 tazas) | Tiempo activo 25 minutos

Tiempo total 40 minutos

1 patata rojiza grande (12 onzas), pelada y cortada en rodajas de ½ pulgada de grosor

4 dientes de ajo, pelados

2 cucharaditas de ralladura de limón más ¼ de taza de jugo (2 limones)

⅔ taza de almendras rebanadas

½ taza de aceite de oliva virgen extra, más extra para rociar

¾ cucharadita de sal de mesa

2 cucharaditas de cebollín fresco picado o perejil

Inicio

Refrigere skordalia por hasta 3 días; deje reposar, tapado, a temperatura ambiente durante 30 minutos antes de servir.

Par perfecto

Sirva skordalia con Horiatiki Salata (esta página); o utilícelo como condimento para Brócoli Asado en Sartén (esta página) o Gambas a la Plancha (esta página).

POR QUÉ FUNCIONA ESTA RECETA Skordalia, una pasta para untar a base de pan o patata griega con ajo, a menudo se sirve como condimento para la carne o el pescado, pero también se puede servir como un aderezo, perfecto para acompañar con pita o crudités. Aquí añadimos ajo, su bocado templado por un remojo en jugo de limón ácido, a una base de papas hervidas. Las almendras agregan dulzura terrosa y riqueza al puré gloriosamente cremoso. Necesitarás una licuadora para esta receta. Para hacer un puré con la textura más suave, también necesitarás un triturador de papas o un molino de alimentos equipado con un disco fino; si no están disponibles, puede machacar bien la papa con un machacador de papas, pero la salsa tendrá una textura más rústica. Preferimos una papa rojiza por su sabor más terroso, pero una Yukon Gold también funciona bien. Si una sola papa grande no está disponible, está bien usar dos papas más pequeñas que sumen 12 onzas. Puedes usar almendras blanqueadas o con piel. Un rallador estilo raspador hace que el ajo se convierta rápidamente en una pasta.

1 Coloque la papa en una cacerola mediana y agregue agua fría hasta cubrir 1 pulgada. Llevar a ebullición a fuego alto. Ajuste el calor para mantener la cocción a fuego lento y cocine hasta que el cuchillo para pelar se pueda deslizar fácilmente dentro y fuera de la papa, de 18 a 22 minutos.

2 Mientras se cocina la papa, pique el ajo hasta obtener una pasta fina. Transfiera 1 cucharada de pasta de ajo a un tazón pequeño; deseche la pasta de ajo restante. Combine el jugo de limón con la pasta de ajo y deje reposar durante 10 minutos.

3 Procese la mezcla de ajo, la ralladura de limón, las almendras, el aceite, ½ taza de agua y la sal en la licuadora hasta que quede muy suave, aproximadamente 45 segundos.

4 Escurra la patata. Coloque el pasapurés o el molino de alimentos sobre un tazón mediano. Trabajando en lotes, transfiera la papa caliente a la tolva y procese. Revuelva la mezcla de almendras en la papa hasta que quede suave. Sazone con sal y pimienta al gusto y transfiéralo a un tazón para servir. Rocíe con aceite extra y espolvoree con cebollino. Servir tibio o a temperatura ambiente.

salsas de olla de cocción lenta

Un dip sabroso no debería ser difícil de hacer. Estas salsas de olla de cocción lenta son en su mayoría sin manos y sin complicaciones, y gracias al calor suave y constante de la olla de cocción lenta, puede prepararlas con unas pocas horas de anticipación y mantenerlas calientes hasta que las desee.

53. Espinacas y alcachofa chapuzón

Sirve de 8 a 10 (rinde alrededor de 5 tazas)

6 onzas de queso crema, ablandado
½ taza de mayonesa
2 cucharadas de agua
1 cucharada de jugo de limón
3 dientes de ajo, picados
¼ de cucharadita de sal de mesa
¼ cucharadita de pimienta
3 tazas de alcachofas baby enteras envasadas en agua, enjuagadas, secadas y picadas
10 onzas de espinacas congeladas, descongeladas y exprimidas
2 cucharadas de cebollín fresco picado

1 Bate el queso crema, la mayonesa, el agua, el jugo de limón, el ajo, la sal y la pimienta en un tazón grande hasta que estén bien combinados. Agregue suavemente las alcachofas y las espinacas.

2A Para una olla de cocción lenta de 1½ a 5 cuartos Transfiera la mezcla a la olla de cocción lenta, cubra y cocine hasta que se caliente por completo, de 1 a 2 horas a temperatura baja.

2B Para una olla de cocción lenta de 5½ a 7 cuartos Transfiera la mezcla a una fuente de soufflé de 1½ cuartos. Coloque el plato en la olla de cocción lenta y vierta agua en la olla de cocción lenta hasta que alcance aproximadamente un tercio de los lados del plato (alrededor de 2 tazas de agua). Cubra y cocine hasta que se caliente por completo, de 1 a 2 horas a temperatura baja. Retire el plato de la olla de cocción lenta, si lo desea.

3 Revuelva suavemente la salsa para recombinar. Espolvorear con cebollino y servir.

54. chile con queso

Sirve de 8 a 10 (rinde alrededor de 4 tazas)

1 taza de caldo de pollo o vegetales
4 onzas de queso crema
1 cucharada de maicena
1 cucharada de chile chipotle enlatado picado en salsa de adobo
1 diente de ajo picado
¼ cucharadita de pimienta
8 onzas de queso Monterey Jack, rallado (2 tazas)
4 onzas de queso americano, rallado (1 taza)
1 lata (10 onzas) de tomates en cubos y chiles verdes Ro-tel, escurridos

1 Cocine en el microondas el caldo, el queso crema, la maicena, el chipotle, el ajo y la pimienta en un tazón grande, revolviendo ocasionalmente, hasta que quede suave y espeso, aproximadamente 5 minutos. Agregue los quesos Monterey Jack y americano hasta que estén bien combinados.

2A Para una olla de cocción lenta de 1½ a 5 cuartos Transfiera la mezcla a la olla de cocción lenta, cubra y cocine hasta que el queso se derrita, de 1 a 2 horas a temperatura baja.

2B Para una olla de cocción lenta de 5½ a 7 cuartos Transfiera la mezcla a una fuente de soufflé de 1½ cuartos. Coloque el plato en la olla de cocción lenta y vierta agua en la olla de cocción lenta hasta que alcance aproximadamente un tercio de los lados del plato (alrededor de 2 tazas de agua). Tape y cocine hasta que el queso se derrita, de 1 a 2 horas a temperatura baja. Retire el plato de la olla de cocción lenta, si lo desea.

3 Bate la salsa hasta que quede suave, luego agrega los tomates. Atender.

Par perfecto

Ambas salsas de cocción lenta son excelentes para acompañarlas con galletas saladas, crostini, chips de tortilla o crudités. Aproveche el tiempo de cocción sin intervención de estas salsas para preparar recetas que requieran más tiempo, como Shu Mai (esta página) o croquetas de cangrejo (esta página), para servir al lado. O sirva ricas salsas con acompañamientos más ligeros como la Ensalada Caprese de Durazno (esta página) o la Ensalada de Calabacín Afeitado (esta página).

55. sikil pak

Sirve 12 (hace alrededor de 3 tazas) | Tiempo activo 25 minutos
Tiempo total 1 hora, más 2 horas de enfriamiento

1½ tazas de semillas de calabaza tostadas y sin cáscara
1 libra de tomates ciruela, sin corazón y cortados por la mitad
¼ taza de aceite de oliva virgen extra, cantidad dividida
1 cebolla, picada
2 cucharadas de jugo de lima
1 chile habanero, sin tallo, sin semillas y picado
2 onzas de queso fresco, desmenuzado (½ taza)
2 cucharadas de cilantro fresco picado

Inicio

Refrigere la salsa por hasta 1 día.

Par perfecto

Sirva con ensalada de cítricos y radicchio con dátiles y almendras ahumadas (esta página), buñuelos de maíz del sur (esta página) o molletes (esta página).

POR QUÉ FUNCIONA ESTA RECETA No hay nada en contra de comer semillas de calabaza a puñados, pero los antiguos mayas conocían un uso aún mejor para ellas: molían las semillas con tomates y chiles habaneros picantes para hacer la salsa tostada y terrosa conocida como sikil p'ak. La salsa presenta sabores especiados, agrios y tostados equilibrados, perfectos para pasar el día del juego o disfrutar como refrigerio al mediodía. Se elabora tradicionalmente con semillas de calabaza sin cáscara, que todavía están encerradas en sus cáscaras blancas. Dado que las semillas de calabaza sin cáscara casi siempre se venden tostadas y saladas, nos pareció crucial enjuagar la sal antes de usar las semillas. Luego, tostamos las semillas en un horno caliente hasta obtener un rico tono dorado antes de procesarlas en una licuadora para descomponer las cáscaras duras en una salsa suave que se puede recoger. Si usa semillas de calabaza sin sal,

1 Ajuste 1 parrilla del horno a la posición media y la segunda parrilla a 6 pulgadas del elemento para asar. Caliente el horno a 400 grados. Enjuague las semillas de calabaza con agua tibia y séquelas bien. Extienda las semillas en una bandeja para hornear con borde, coloque la bandeja en la rejilla inferior y tueste las semillas, revolviendo ocasionalmente, hasta que estén doradas, de 12 a 15 minutos. Ponga a un lado para enfriar y calentar el asador.

2 Cubra la segunda bandeja para hornear con borde con papel de aluminio. Mezcle los tomates con 1 cucharada de aceite y colóquelos con el lado cortado hacia abajo en una hoja preparada. Coloque la bandeja en la rejilla superior y ase hasta que los tomates estén manchados de color marrón, de 7 a 10 minutos. Transfiera los tomates a la licuadora y deje que se enfríen por completo.

3 Agregue la cebolla, el jugo de lima, el habanero, las semillas de calabaza y las 3 cucharadas de aceite restantes a la licuadora y procese hasta que quede suave, aproximadamente 1 minuto, raspando los lados del frasco según sea necesario. Transfiera la salsa a un tazón para servir y refrigere hasta que esté completamente fría, al menos 2 horas. Sazone con sal y pimienta al gusto. Espolvorea con queso fresco y cilantro antes de servir.

56. Dip de pollo Buffalo

Sirve de 10 a 15 (hace alrededor de 6 tazas) | Tiempo activo 15 minutos
Tiempo total 35 minutos
1 libra de queso crema
¾ taza de salsa picante
1 (2½ libras) de pollo rostizado, sin piel ni huesos; carne desmenuzada en trozos pequeños (3 tazas)
1 taza de aderezo ranchero
4 onzas de queso azul, desmenuzado (1 taza)
2 cucharaditas de salsa Worcestershire
4 onzas de queso cheddar fuerte, rallado (1 taza)
2 cebolletas, en rodajas finas

Inicio
Refrigere la salsa ensamblada y sin hornear hasta por 2 días; deja que alcance la temperatura ambiente antes de continuar con el paso 2.

Par perfecto
Sirva con cerdos en mantas (esta página), hamburguesas con queso y chile verde (esta página) o ensalada de mielada con maní y lima (esta página).

POR QUÉ FUNCIONA ESTA RECETA Perfecta para servir a una multitud en la noche de juegos, esta salsa tiene todo el sabor picante y estremecedor de las alitas de pollo grandes (como las de esta página), pero ensucia menos. Triturar la carne de un pollo rostizado hace que la salsa se prepare rápidamente. El queso crema proporciona una base suave para la salsa, y calentarlo en el microondas con salsa picante lo afloja para que mezclar los ingredientes gruesos (pollo y queso azul) sea muy fácil. Una taza de aderezo ranch, un par de cucharaditas de salsa Worcestershire y una pizca de queso cheddar y cebolletas realzan el sabor picante de la salsa. Si solo tiene una fuente para hornear de 2 cuartos, extienda el tiempo de cocción a 45 minutos. Preferimos la Salsa de Pimienta de Cayena Original RedHot de Frank aquí, pero otras salsas picantes funcionarán.

1 Ajuste la rejilla del horno a la posición media y caliente el horno a 350 grados. Combine el queso crema y la salsa picante en un tazón mediano y cocine en el microondas hasta que el queso crema esté muy suave, aproximadamente 2 minutos, batiendo a la mitad del microondas. Bate hasta que quede suave y no queden grumos de queso crema. Agregue el pollo, el aderezo ranchero, el queso azul y Worcestershire hasta que se mezclen (los trozos visibles de queso azul están bien).

2 Transfiera la salsa a una fuente para hornear poco profunda de 3 cuartos y hornee por 10 minutos. Retire el plato del horno, revuelva y espolvoree con queso cheddar. Regrese la fuente al horno y continúe horneando hasta que el queso cheddar se derrita y la salsa burbujee alrededor de los bordes, aproximadamente 10 minutos. Espolvorear con cebolletas y servir.

57. Paté de hígado de pollo

Sirve de 8 a 10 (hace alrededor de 2 tazas) | Tiempo activo 30 minutos
Tiempo total 30 minutos, más 6½ horas enfriando y reposando
8 cucharadas de mantequilla sin sal
3 chalotes grandes, en rodajas
1 cucharada de tomillo fresco picado
¼ de cucharadita de sal de mesa
1 libra de hígados de pollo, enjuagados, secados y recortados
¾ taza de vermut seco
2 cucharaditas de brandy

Inicio

Refrigere el paté, con una envoltura de plástico presionada contra la superficie, hasta por 2 días; Deje que se ablande a temperatura ambiente durante 30 minutos antes de servir.

Línea de meta

Para una presentación sofisticada, transfiera el paté a moldes pequeños o a un molde más grande.

Par perfecto

Sirva como parte de un plato de charcutería o queso con encurtidos (ver esta página), higos envueltos en prosciutto con gorgonzola (esta página), queso de cabra al horno (esta página) y/o albóndigas (ver esta página).

POR QUÉ FUNCIONA ESTA RECETA Un buen paté de hígado de pollo tiene un sabor suave y suave y una textura aterciopelada que parece derretirse en la lengua, pero las malas interpretaciones son muy comunes. Nuestra receta evita todos los peligros potenciales y da como resultado un paté mantecoso, rico y muy fácil de preparar. Sellar los hígados para desarrollar su sabor y luego escalfarlos suavemente en vermut asegura un paté húmedo. Un toque de brandy unifica los sabores. Es importante cocinar los hígados hasta que estén rosados en el centro para evitar el revelador sabor a tiza que resulta de la cocción excesiva. Presionar la envoltura de plástico al ras contra la superficie del paté minimiza la decoloración debido a la oxidación.

1 Derrita la mantequilla en una sartén de 12 pulgadas a fuego medio-alto. Agregue los chalotes, el tomillo y la sal y cocine hasta que los chalotes estén ligeramente dorados, aproximadamente 5 minutos. Agregue los hígados de pollo y cocine, revolviendo constantemente, aproximadamente 1 minuto. Agregue vermú y cocine a fuego lento hasta que los hígados estén cocidos pero aún tengan interiores rosados, de 4 a 6 minutos.

2 Con una cuchara ranurada, transfiera los hígados y los chalotes al procesador de alimentos, dejando el líquido en la sartén. Continúe cocinando el líquido a fuego medio-alto hasta que esté ligeramente almibarado, aproximadamente 2 minutos, luego agréguelo al procesador.

3 Agregue brandy al procesador y procese la mezcla hasta que esté muy suave, aproximadamente 2 minutos, deteniéndose para raspar los lados del tazón según sea necesario. Sazone con sal y pimienta al gusto, luego transfiera a un tazón para servir y alise la parte superior. Presione la envoltura de plástico al ras contra la superficie del paté y refrigere hasta que esté firme, al menos 6 horas. Dejar ablandar a temperatura ambiente durante 30 minutos antes de servir.

58. Paté de trucha ahumada

Sirve 6 (hace alrededor de 1½ tazas) | Tiempo activo 10 minutos
Tiempo total 10 minutos

⅓ taza de crema agria
2 onzas de queso crema, ablandado
2 cucharaditas de jugo de limón fresco
8 onzas de trucha ahumada, sin piel, partida en trozos de 1 pulgada
3 cucharadas de cebollín fresco picado

Inicio
Refrigere el paté, con una envoltura de plástico presionada contra la superficie, hasta por 3 días; sazone el paté con jugo de limón adicional, sal y pimienta al gusto antes de servir.

Línea de meta
Unte el paté sobre rodajas de pepino o pimiento rojo o sírvalo junto con galletas saladas sin semillas o chips de bagel.

Par perfecto
Sirva con rollo de queso azul con nueces y miel (esta página), ensalada de habas y rábanos (esta página), latkes (esta página) o blini (esta página).

POR QUÉ FUNCIONA ESTA RECETA Este hermoso y cremoso paté permite que brille el sabor de la trucha ahumada. Usar suficiente queso crema y crema agria para crear una base deliciosa para 8 onzas de trucha ahumada permite que el pescado ahumado, escamoso y salado ocupe un lugar central. Un procesador de alimentos convierte rápidamente los ingredientes en una mezcla suave; pulsamos los ingredientes hasta que estén finamente picados pero conservando un poco de variación de textura. Las cebolletas frescas agregan más sabor y color, y el jugo de limón aporta brillo. Para ablandar el queso crema rápidamente, caliéntelo en el microondas durante 20 a 30 segundos.

Procese la crema agria, el queso crema y el jugo de limón en un procesador de alimentos hasta que quede suave, aproximadamente 30 segundos, raspando los lados del tazón según sea necesario. Agregue la trucha y pulse hasta que esté finamente picada e incorporada, unas 6 pulsaciones. Transfiera el paté a un tazón para servir, incorpore las cebolletas y sazone con sal y pimienta al gusto. Atender.

59. Paté fácil de champiñones

Sirve 8 (hace alrededor de 2 tazas) | Tiempo activo 40 minutos
Tiempo total 40 minutos, más 2½ horas enfriando y reposando
1 onza de champiñones porcini secos, enjuagados
1 libra de champiñones blancos, recortados y partidos por la mitad
3 cucharadas de mantequilla sin sal
2 chalotes grandes, picados
¾ cucharadita de sal de mesa
3 dientes de ajo, picados
1½ cucharaditas de tomillo fresco picado
2 onzas de queso crema, ablandado
2 cucharadas de crema espesa
1 cucharada de perejil fresco picado
1½ cucharaditas de jugo de limón

Inicio

Refrigere el paté, con una envoltura de plástico presionada contra la superficie, hasta por 3 días; sazone con sal y pimienta al gusto y deje ablandar a temperatura ambiente antes de servir.

Par perfecto

Sirva como parte de una pasta vegetariana con ensalada de hierbas (esta página) o tempeh sellado con mermelada de tomate (esta página).

POR QUÉ FUNCIONA ESTA RECETA Este paté vegetariano tiene un sabor a champiñón embriagador y terroso que desmiente su absoluta facilidad de preparación. Complementamos los champiñones blancos de todos los días con boletus secos, que tienen un sabor intenso y están ampliamente disponibles durante todo el año. Después de rehidratar los porcini secos, reservamos parte del sabroso líquido de remojo para volver a agregarlo al paté después de procesarlo, conservando el sabor a hongos del líquido y diluyendo el paté a nuestra consistencia preferida. Procesamos los champiñones antes de cocinarlos y los dejamos un poco gruesos en lugar de buscar una textura completamente suave. El queso crema y un par de cucharadas de crema espesa brindan cremosidad, mientras que los chalotes salteados, el ajo y el tomillo aportan un sabor intenso. El jugo de limón y el perejil compensan los sabores terrosos con algo de brillo. Para ablandar el queso crema rápidamente,

1 Microondas 1 taza de agua y champiñones porcini en un recipiente tapado hasta que hierva, aproximadamente 1 minuto. Deje reposar hasta que se ablande, unos 5 minutos. Escurra los porcini en un colador de malla fina forrado con un filtro de café colocado sobre un tazón. Reserve ⅓ taza de líquido. Triture los porcini y los champiñones blancos en el procesador de alimentos hasta que estén finamente picados y todos los trozos sean del tamaño de un guisante o más pequeños, unas 10 legumbres, raspando los lados del tazón según sea necesario.

2 Derrite la mantequilla en una sartén de 12 pulgadas a fuego medio. Agregue los chalotes y la sal y cocine hasta que los chalotes se ablanden, de 3 a 5 minutos. Agregue el ajo y el tomillo y cocine hasta que estén fragantes, 30 segundos. Agregue los champiñones y cocine, revolviendo ocasionalmente, hasta que el líquido liberado de los champiñones se evapore y los champiñones comiencen a dorarse, de 10 a 12 minutos.

3 Agregue el líquido de porcini reservado y cocine hasta que casi se evapore, aproximadamente 1 minuto. Fuera del fuego, agregue el queso crema, la crema, el perejil y el jugo de limón, y sazone con sal y pimienta al gusto. Transfiera a un tazón para servir y alise la parte superior. Presione la envoltura de plástico al ras de la superficie del paté y refrigere hasta que esté firme, al menos 2 horas. Deje que el paté se ablande a temperatura ambiente durante 30 minutos antes de servir.

QUESO Y HUEVOS

60. frico friabile

Sirve de 10 a 12 (hace 8 obleas grandes) | Tiempo activo 55 minutos
Tiempo total 55 minutos

1 libra de queso Montasio o Asiago añejo, rallado (4 tazas)

Inicio

Guarde Frico en un recipiente hermético a temperatura ambiente hasta por 1 día.

Línea de meta

Parta el frico en mitades o cuartos antes de servirlo.

Par perfecto

Servir frico con aceitunas marinadas (ver esta página) o nabos rosados en escabeche (esta página). Agregue platos más sustanciosos, como batatas en espiral con chalotes crujientes, pistachos y urfa (esta página). Frico también es bueno al estilo crouton, desmenuzado en ensaladas como la Ensalada de calabacín raspado con pepitas (esta página).

POR QUÉ FUNCIONA ESTA RECETA Frico friabile es una maravilla de un solo ingrediente y un delicioso antipasto, especialmente junto con una copa de vino frío. Nada más que queso rallado que se derrite y luego se dora para crear una oblea ligera, aireada, crujiente y de un tamaño impresionante, esta simple merienda resalta el intenso sabor del queso Montasio. Algunas recetas cocinan el queso en mantequilla o aceite de oliva, pero usar una sartén antiadherente de 10 pulgadas elimina la necesidad de grasa. Para darle la vuelta sin que se rompa ni se estire, retiramos la sartén del fuego unos segundos para que se enfríe; Permitir unos momentos para que la oblea de queso se asiente hace que sea fácil de voltear. Cocinar el queso a fuego alto hace que se dore demasiado rápido y se vuelva amargo, pero a fuego lento tarda demasiado y se seca, por lo que es mejor a fuego medio-alto. Vale la pena rastrear el queso Montasio; si no lo encuentra, sustituya el Asiago añejo.

Espolvorea ½ taza de queso sobre el fondo de una sartén antiadherente de 10 pulgadas. Cocine a fuego medio-alto, sacudiendo la sartén de vez en cuando para asegurar una distribución uniforme del queso sobre el fondo de la sartén, hasta que los bordes estén tostados y como encaje, aproximadamente 4 minutos. A medida que el queso comienza a derretirse, use una espátula para limpiar los bordes exteriores del queso y evitar que se quemen. Retire la sartén del fuego y deje que el queso se asiente, unos 30 segundos. Usando un tenedor y una espátula, voltea con cuidado la oblea de queso y regresa la sartén a fuego medio-alto. Cocine hasta que el segundo lado esté dorado, aproximadamente 2 minutos. Deslice la oblea de queso de la sartén al plato. Repita con el queso restante. Atender.

61. Manchego Marinado

Sirve de 6 a 8 | Tiempo activo 25 minutos
Tiempo total 35 minutos, más 24 horas de marinado

¾ taza de aceite de oliva virgen extra, más extra según sea necesario
8 dientes de ajo machacados y pelados
6 tiras (3 pulgadas) de ralladura de naranja
8 ramitas de tomillo fresco
3 hojas de laurel
½ cucharadita de sal de mesa
¼ de cucharadita de hojuelas de pimiento rojo
8 onzas de queso manchego, cortado en cubos de ¾ de pulgada

Inicio
Marinar el queso hasta por 1 semana antes de servir.

Línea de meta
Deje que el queso alcance la temperatura ambiente antes de servirlo para asegurarse de que el aceite de marinado no esté turbio.

Par perfecto
Sirva queso con ensalada de tomate con alcaparras y perejil (esta página) o calabacín marinado (esta página).

POR QUÉ FUNCIONA ESTA RECETA Marinar manchego es una manera de agregar más profundidad a un queso que ya tiene mucho sabor. Es genial para servir como un plato pequeño, y obtienes la ventaja adicional de hacer un aceite infundido que se puede usar en un aderezo para ensaladas o para saltear vegetales. Para hacerlo, calentamos a fuego lento en aceite el ajo, la ralladura de naranja, el tomillo, las hojas de laurel y las hojuelas de pimienta. El ajo se ablanda ligeramente e infunde el aceite con un sabor dulce a nuez. Una vez que la mezcla se enfría, la vertemos sobre el manchego para que el queso se pueda marinar en ese aceite de sabor intenso. Use un aceite de oliva virgen extra de buena calidad aquí. Retire las tiras de ralladura de naranja con un pelador de verduras. Puede servir el aceite de marinado con pan para mojar.

1 Combine el aceite, el ajo, la ralladura de naranja, las ramitas de tomillo, las hojas de laurel, la sal y las hojuelas de pimienta en una cacerola pequeña y cocine a fuego medio-bajo hasta que el ajo

comience a dorarse, aproximadamente 10 minutos. Ponga a un lado y deje que se enfríe por completo.

2 Coloque Manchego en un frasco de 16 onzas con tapa hermética. Con unas pinzas o un tenedor, transfiera el ajo, la ralladura de naranja, las ramitas de tomillo y las hojas de laurel al frasco con manchego. Vierta la mezcla de aceite sobre el manchego, presionando el queso según sea necesario para sumergirlo. Si es necesario, agregue aceite extra para cubrir el queso. Cubra el frasco con la tapa y refrigere por al menos 24 horas. Deje que alcance la temperatura ambiente antes de servir.

huevos rellenos

Este clásico de brunch y picnic es un pequeño bocado maravilloso. Los nidos de clara de huevo perfectamente cocidos acunan un relleno cremoso, hecho con ingredientes simples que se baten rápidamente. Comenzamos con huevos duros, luego agregamos un relleno hecho de yemas trituradas, mayonesa, hierbas y especias. Para unos huevos, también añadimos tocino picado finamente al relleno. En otros, dejamos que la trucha ahumada o el salmón hablen.

62. Huevos duros fáciles de pelar

Hace 6 huevos

6 huevos grandes

1 Pon a hervir 1 pulgada de agua en una cacerola mediana a fuego alto. Coloque los huevos en la canasta de vapor en una sola capa. Transfiera la canasta a la cacerola. Cubra, reduzca el fuego a medio-bajo y cocine los huevos durante 13 minutos.

2 Cuando los huevos estén casi terminados de cocinarse, combine 2 tazas de cubitos de hielo y 2 tazas de agua fría en un tazón mediano. Usando pinzas o una cuchara, transfiera los huevos al baño de hielo; deja enfriar por 15 minutos.

63. Huevos rellenos de trucha ahumada

Sirve de 10 a 12
Tiempo activo 15 minutos
Tiempo total 15 minutos
6 huevos duros, partidos por la mitad, yemas separadas (esta página)
2½ onzas de trucha ahumada, sin piel, dividida (2 onzas picadas finamente, ½ onza en copos)
3 cucharadas de yogur
1 cucharada de alcaparras, enjuagadas y picadas finas
1 cucharada de cebollín fresco picado, dividido
2 cucharaditas de mayonesa
1½ cucharaditas de jugo de limón
¾ cucharadita de mostaza integral
¼ de cucharadita de cúrcuma molida

1 Triture las yemas con un tenedor hasta que no queden grumos grandes. Agregue la trucha picada, el yogur, las alcaparras, 2 cucharaditas de cebollín, la mayonesa, el jugo de limón, la mostaza y la cúrcuma, y triture la mezcla contra el costado del tazón hasta que esté bien incorporada.

2 Transfiere la mezcla de yemas a una bolsa de plástico pequeña y resistente. Presione la mezcla en una esquina y gire la parte superior de la bolsa. Con unas tijeras, corte ½ pulgada de la esquina rellena. Exprimiendo la bolsa, distribuya la mezcla de yemas uniformemente entre las mitades de las claras de huevo, formando un montículo sobre la superficie plana de las claras. Cubra cada huevo con un trozo de trucha desmenuzada y espolvoree con la cucharadita restante de cebollín. Servir inmediatamente.

variaciones
Salmón ahumado Huevos Rellenos
Sustituya la trucha por salmón ahumado y el cebollín por eneldo fresco picado.

64. huevos marinados en soya

Sirve de 8 a 12 (hace 8 huevos) | Tiempo activo 20 minutos
Tiempo total 30 minutos, más 3 horas de marinado

1 taza de salsa de soya
¼ taza de mirin
2 cebolletas, en rodajas finas
2 cucharadas de jengibre fresco rallado
2 cucharadas de azúcar
2 dientes de ajo, picados
8 huevos grandes

Inicio

Refrigere los huevos, retirados de la marinada, hasta por 2 días. El adobo sobrante se puede reutilizar para marinar hasta tres lotes de huevos; se puede refrigerar hasta por 1 semana o congelar hasta por 1 mes.

Par perfecto

Para servir a más personas, corte los huevos por la mitad. Sirva con gajos de camote cargados con tempeh (esta página), bruschetta (vea esta página) o Sung Choy Bao (esta página).

POR QUÉ FUNCIONA ESTA RECETA Estos huevos cocidos y marinados son un delicioso bocado pequeño, un refrigerio o incluso una sabrosa adición a una lonchera. Para huevos perfectamente sazonados llenos de un sabor complejo y sabroso, los marinamos durante 3 a 4 horas en una mezcla de salsa de soya, mirin, ajo, jengibre y cebolletas. Un poco de azúcar ayuda a equilibrar la salsa de soya salada, y agregar agua a la potente marinada asegura que los huevos no queden demasiado salados.

1 Combine la salsa de soya, el mirin, las cebolletas, el jengibre, el azúcar y el ajo en una cacerola pequeña y deje hervir a fuego medio-alto. Retire del fuego y agregue 1 taza de agua fría; dejar de lado.

2 Pon a hervir 3 cuartos de galón de agua en una cacerola grande a fuego alto. Llene un recipiente grande hasta la mitad con hielo y agua.

3 Usando una espumadera tipo araña o una cuchara ranurada, sumerja suavemente los huevos en agua hirviendo y cocine durante 7 minutos. Transfiera los huevos al baño de hielo y deje enfriar durante 5 minutos.

4 Golpee suavemente los huevos en el mostrador para romper las cáscaras. Comience a quitar la cáscara en el extremo más ancho del huevo, asegurándose de romper la membrana entre la cáscara y la clara de huevo. Trabajando bajo un chorro de agua suave, pele con cuidado las membranas y las cáscaras de los huevos.

5 Combine la mezcla de salsa de soya y los huevos en una bolsa grande con cierre hermético y coloque la bolsa en un tazón mediano. Saque la mayor cantidad de aire posible de la bolsa para que los huevos queden completamente sumergidos en la marinada, luego selle la bolsa. Refrigere durante al menos 3 horas o hasta 4 horas (más tiempo y los huevos pueden volverse demasiado salados). Retire los huevos de la marinada con una cuchara ranurada. Atender.

65. Huevos En Escabeche De Remolacha

Sirve de 12 a 16 (hace 1 docena de huevos) | Tiempo activo 30 minutos
Tiempo Total 30 minutos, más 3 días de decapado

2 tazas de vinagre blanco destilado
1⅓ tazas de azúcar
1 taza de agua
½ cebolla, cortada por la mitad y en rodajas finas
3¾ cucharaditas de sal kosher
8 dientes enteros
12 huevos grandes
1 remolacha, pelada y cortada en trozos de 1 pulgada

Inicio

Haga estos huevos al menos 3 días antes de servir. Refrigere los huevos en escabeche hasta 4 días más, pero tenga en cuenta que deben desecharse 7 días después de haberlos hecho.

Línea de meta

Corte los huevos en escabeche en mitades o cuartos para obtener porciones más delicadas.

Par perfecto

Sirva los huevos con ensalada de hierbas (esta página), ensalada de zanahoria al estilo marroquí con harissa y queso feta (esta página) o remoulade de manzana e hinojo (esta página).

POR QUÉ FUNCIONA ESTA RECETA Llamativos y preparados con anticipación, estos huevos son perfectos para un brunch de platos pequeños de Pascua o en cualquier momento que desee color en su mesa. Sazonados con clavo y cebolla, estos huevos de color fucsia también están llenos de sabor. Sacudimos suavemente los huevos duros de un lado a otro en su sartén para romper las cáscaras. Luego sumergimos los huevos ligeramente agrietados en agua helada, que se filtra debajo de las cáscaras y los hace más fáciles de pelar. Para teñir nuestros huevos en escabeche de un púrpura vibrante, los envasamos con trozos de remolacha, que filtran su color en la salmuera. Deje que la salmuera se enfríe por completo antes de agregar los huevos. La membrana de la clara de huevo se endurece cuando se conserva en escabeche, así que asegúrese de quitarla por completo antes de encurtirla. Para ayudar a que los huevos permanezcan completamente sumergidos, coloque una bolsa de salmuera encima de una ronda de papel pergamino para que pesen.

1 Hierva el vinagre, el azúcar, el agua, la cebolla, la sal y los clavos en una cacerola pequeña a fuego medio-alto; Retírelo del calor.

2 Recorta un círculo de papel pergamino para que coincida con el diámetro de un frasco de boca ancha de ½ galón. Mida 1 taza de salmuera (sin cebollas); dejar de lado. Usando un embudo y un cucharón, vierte la salmuera restante con las cebollas en el frasco; dejar enfriar por 1 hora.

3 Mientras tanto, coloque los huevos en una cacerola grande, cubra con 1 pulgada de agua y deje hervir. Retire la sartén del fuego, cubra y deje reposar 10 minutos. Llena un tazón grande con agua helada. Vierta el agua caliente de la cacerola y sacúdala suavemente de un lado a otro para romper las conchas. Transfiera los huevos al agua helada con una espumadera, deje enfriar durante 5 minutos y luego pélelos.

4 Agregue suavemente los huevos pelados y las remolachas al frasco, distribuyendo los pedazos de remolacha uniformemente por todo el frasco. Presione el pergamino redondo al ras contra la superficie de la salmuera.

5 Llene una bolsa con cierre hermético de 1 cuarto de galón con 1 taza de salmuera reservada, exprima el aire y séllela bien. Coloque la bolsa de salmuera sobre el pergamino y presione suavemente hacia abajo para sumergir los huevos. Cubra el frasco con la tapa y refrigere por 3 días antes de servir.

66. Tronco de Queso Cheddar con Cebollines

Sirve de 10 a 12 | Tiempo activo 15 minutos

Tiempo total 15 minutos, más 2½ a 3 horas de enfriamiento y descanso

6 onzas de queso cheddar amarillo extra fuerte, rallado (1½ tazas)

6 onzas de queso crema

¼ taza de mayonesa

1 cucharada de rábano picante preparado, escurrido

2 cucharaditas de salsa Worcestershire

1 diente de ajo pequeño, picado

½ cucharadita de pimienta

½ taza de cebollín fresco picado

Inicio

Refrigere el rollo de queso sin recubrir, envuelto herméticamente en una envoltura de plástico, hasta por 2 días.

Línea de meta

Lleve el tronco cubierto a temperatura ambiente antes de servirlo en una tabla de quesos de madera con rebanadas de baguette o galletas saladas suaves.

Par perfecto

Los encurtidos rápidos (consulte esta página) son un acompañamiento picante. Gobi Manchurian (esta página) o Southern Corn Fritters (esta página) son combinaciones más completas.

POR QUÉ FUNCIONA ESTA RECETA Comprar queso para servir es la manera rápida y fácil de hacerlo. Pero si tiene tiempo de sobra, prepare con anticipación este impresionante pero deliciosamente fácil y sabroso bocado para compartir. Para un rollo de queso que sea lo suficientemente firme para mantener su forma pero lo suficientemente suave para arrastrar fácilmente una galleta a temperatura ambiente, usamos una mezcla simple de mitad queso cheddar y mitad queso crema y un poco de mayonesa cremosa. Para darle sabor a nuestro tronco a base de queso cheddar, agregamos un poco de rábano picante, un poco de salsa Worcestershire y ajo picado. Nuestra mezcla de queso se puede moldear fácilmente en una envoltura de plástico y, después de un viaje al congelador, se endurece lo suficiente como para enrollarla fácilmente en cebollino picado. Luego, el rollo de queso se puede envolver bien en una envoltura de plástico y refrigerar hasta por dos días. Para variaciones de sabor, usamos ingredientes tan variados como chips de tortilla y tocino.

1 Procese el queso cheddar, el queso crema, la mayonesa, el rábano picante, la salsa Worcestershire, el ajo y la pimienta en un procesador de alimentos hasta que quede suave, aproximadamente 1 minuto, raspando los lados del tazón según sea necesario.

2 Coloque una hoja de envoltura de plástico de 18 por 11 pulgadas sobre la encimera con el lado largo paralelo al borde de la encimera. Transfiera la mezcla de queso al centro del plástico y forme un tronco de aproximadamente 9 pulgadas con el lado largo paralelo al borde de la encimera. Dobla el plástico sobre el tronco y enrolla. Pellizque el plástico en los extremos del tronco y haga rodar el tronco sobre el mostrador para formar un cilindro apretado. Meta los extremos del plástico debajo. Congele hasta que esté completamente firme, de 1½ a 2 horas.

3 Esparce las cebolletas en un plato grande. Desenvuelva el rollo de queso y enrolle las cebolletas para cubrir uniformemente. Transfiera a un plato para servir y deje que alcance la temperatura ambiente, aproximadamente 1 hora. Atender.

variaciones

Tronco de queso pimiento con tocino

Omite el rábano picante. Agregue 1 chalote pequeño picado y ¼ de cucharadita de pimienta de cayena al procesador de alimentos con queso. Después de procesar, agregue ½ taza de pimientos picados en frasco, séquelos y pulse para combinar, aproximadamente 3 pulsos. Sustituya las cebolletas por 8 rebanadas de tocino cocido finamente picado.

Rollo de Queso de Chile con Chips de Tortilla

Sustituya el cheddar por queso Monterey Jack, el rábano picante por 2 cucharadas de chile chipotle picado enlatado en salsa de adobo y la salsa Worcestershire por jugo de lima. Después de procesar, agregue ⅓ de taza de chiles verdes picados enlatados y escurridos y pulse para combinar, aproximadamente 3 pulsos. Sustituya las cebolletas por totopos de maíz azul triturados.

Tronco de Queso Azul con Nueces y Miel

Omita la mayonesa, el rábano picante, Worcestershire y el ajo. Sustituya 1½ tazas de queso azul suave y suave por queso cheddar. Aumente la pimienta a 1 cucharadita. Sustituya una mezcla de ¼ de taza de nueces, tostadas y picadas finamente, y ¼ de taza de dátiles picados sin hueso por cebollín. Rocíe el tronco de queso con 2 cucharadas de miel antes de servir.

67. Rulo de Queso de Cabra con Avellana-Nigella Dukkah

Sirve de 10 a 12 | Tiempo activo 30 minutos
Tiempo total 40 minutos, más 2½ horas de enfriamiento y descanso

Queso
6 onzas de queso de cabra
6 onzas de queso crema
1 diente de ajo pequeño, picado
½ cucharadita de pimienta

dukkah
1 cucharadita de semillas de hinojo, tostadas
1 cucharadita de semillas de cilantro, tostadas
1½ cucharadas de semillas de girasol crudas, tostadas
1 cucharada de semillas de sésamo, tostadas
1½ cucharaditas de semillas de nigella
3 cucharadas de avellanas, tostadas, sin piel y picadas finas
1½ cucharaditas de pimentón
½ cucharadita de sal marina en escamas
2 cucharadas de aceite de oliva virgen extra

Inicio
Congele el rollo de queso sin cubrir hasta por 1 semana. Refrigere el rollo de queso cubierto, envuelto firmemente en una envoltura de plástico, hasta por 2 días. Refrigere dukkah en un recipiente hermético por hasta 3 meses.

Línea de meta
Para variar el sabor del tronco, intente mezclar dátiles finamente picados o higos secos en la mezcla de queso antes de enrollarlos, o sustituya Dukkah de pistacho (esta página) por dukkah de avellana y nigella.

Par perfecto
Sirva acompañado de Zanahorias y Chalotes Asados con Chermoula (esta página) o Calabacín de Invierno en Olla a Presión con Halloumi y Coles de Bruselas (esta página).

POR QUÉ FUNCIONA ESTA RECETA Rociar una mezcla de especias, hierbas y semillas en un plato agrega un sabor brillante y un crujido atractivo. Aquí usamos dukkah para dar sabor a nuestro queso de cabra, lo que lo convierte en un refrigerio fácil de preparar cuando llegan invitados inesperados. Elaborado con nueces y especias como semillas de hinojo similares al anís, semillas de cilantro con sabor a coco y semillas de nigella con cebolla crujiente, el condimento le da un toque especial a nuestro queso de cabra. Untado en galletas, trae una explosión de sabores complejos al paladar de sus invitados.

1 Para el queso Procese todos los ingredientes en el procesador de alimentos hasta que estén suaves, aproximadamente 1 minuto, raspando los lados del tazón según sea necesario.

2 Coloque una hoja de envoltura de plástico de 18 por 11 pulgadas en el mostrador con el lado largo paralelo al borde del mostrador. Transfiera la mezcla de queso al centro del plástico y forme un tronco con el lado largo paralelo al borde de la encimera (el tronco debe tener unas 9 pulgadas de largo). Dobla el plástico sobre el tronco y enrolla. Pellizque el plástico en los extremos del tronco y haga rodar sobre el mostrador para formar un cilindro apretado. Meta los extremos del plástico debajo del leño y congele hasta que esté completamente firme, de 1½ a 2 horas.

3 Para la dukkah Muele las semillas de hinojo y las semillas de cilantro en un molinillo de especias hasta que estén finamente molidas, unos 30 segundos. Agregue las semillas de girasol, las semillas de sésamo y las semillas de nigella y pulse hasta que estén molidas en trozos grandes, unas 4 pulsaciones; transferir a un tazón pequeño. Agregue las avellanas, el pimentón y la sal.

4 Desenvuelva el rollo de queso y déjelo reposar hasta que el exterior esté ligeramente pegajoso al tacto, aproximadamente 10 minutos. Extienda el dukkah en una capa uniforme en un plato grande y enrolle el rollo de queso en el dukkah para cubrir uniformemente, presionando suavemente para que se adhiera. Transfiera a una fuente para servir y deje reposar a temperatura ambiente hasta que se ablande, aproximadamente 1 hora. Rocíe con aceite y sirva.

68. Queso de Cabra al Horno

Sirve de 8 a 10 | Tiempo activo 1 hora
Tiempo total 1 hora
3 cucharadas de aceite de oliva virgen extra, más extra para rociar
1 cebolla, picada fina
¾ cucharadita de sal de mesa
3 dientes de ajo, en rodajas finas
2 cucharaditas de pimentón ahumado
1 cucharadita de comino molido
¼ de cucharadita de hojuelas de pimiento rojo
¼ cucharadita de pimienta
1 lata (28 onzas) de tomates triturados
1 (8 a 10 onzas) de queso de cabra de registro, ablandado
2 cucharadas de cilantro fresco picado grueso
1 cucharadita de ralladura de limón

Inicio

Refrigere la salsa en un recipiente hermético hasta por 3 días, y el disco de queso de cabra, bien envuelto en una envoltura de plástico, hasta por 1 día. Para terminar el plato, aumente el tiempo de asado de 12 a 15 minutos.

Par perfecto

Sirva junto con Ensalada de Sandía (esta página) o Cóctel de Camarón (esta página).

POR QUÉ FUNCIONA ESTA RECETA Hay una cosa con la que puede contar en los cócteles festivos: platos pequeños con queso derretido. Saque un plato de salsa de búfalo con queso, un tazón de queso fundido o una rueda de Brie horneado, y sus invitados se agruparán alrededor de él, sirviendo bocados suaves y calientes sobre papas fritas o pan, metiéndose hebras de telaraña de queso en la boca, sonriendo y asintiendo con aprecio a medida que avanzan. Este queso de cabra tibio asado en una fuente para horno con una salsa de tomate ligeramente picante combina queso picante con una salsa dulce y ahumada. Los troncos de queso de cabra vienen en diferentes tamaños. Cualquier tamaño de 8 a 10 onzas funcionará en esta receta. Si solo puede encontrar pequeños troncos de queso de cabra (alrededor de 4 onzas), puede juntar dos troncos más pequeños.

1 Caliente el aceite en una cacerola mediana a fuego medio hasta que brille. Agregue la cebolla y la sal y cocine, revolviendo ocasionalmente, hasta que estén doradas, aproximadamente 10 minutos. Agregue el ajo, el pimentón, el comino, las hojuelas de pimienta y la pimienta y cocine hasta que estén fragantes, aproximadamente 1 minuto. Agregar los tomates y llevar a ebullición. Reduzca el fuego a medio-bajo y cocine a fuego lento durante 15 minutos. Sazonar con sal al gusto.

2 Ajuste la rejilla del horno a 6 pulgadas del elemento para asar y caliente el asador. Coloque el queso de cabra entre 2 hojas de envoltura de plástico. Aplane el queso de cabra en un disco de 1 pulgada de grosor, de 3 a 4 pulgadas de diámetro, ahuecando las manos alrededor del disco según sea necesario para lograr una forma compacta.

3 Transfiere la salsa de tomate a una fuente para asar poco profunda de 2 cuartos. Coloque el queso de cabra en el centro. Ase hasta que el queso de cabra esté bien dorado, unos 10 minutos. Espolvorea cilantro y ralladura de limón sobre la salsa y rocía con aceite extra. Atender.

69. Brie al horno con albaricoques melosos

Sirve de 8 a 10 | Tiempo activo 25 minutos
Tiempo total 25 minutos
¼ taza de albaricoques secos picados
¼ taza de miel, dividida
1 cucharadita de romero fresco picado
¼ de cucharadita de sal de mesa
¼ cucharadita de pimienta
2 ruedas (8 onzas) de queso Brie firme, sin cáscara, queso cortado en trozos de 1 pulgada
1 cucharada de cebollín fresco picado

Par perfecto

La ensalada de tomate (esta página) o el brócoli asado a la sartén con cobertura de semillas de girasol ahumadas (esta página) son excelentes contrapuntos frescos.

POR QUÉ FUNCIONA ESTA RECETA Cuando se calienta, Brie se vuelve rico y pegajoso, y al combinarlo con frutas dulces o mermelada se resaltan sus notas saladas. Para un sabor dulce y cremoso en este pequeño bocado, rediseñamos la tradicional rueda entera de queso Brie horneado recortando la corteza (que no se derrite tan bien) y cortando el queso en cubos. Esto permite que nuestra mezcla de miel y albaricoque se distribuya uniformemente en esta versión deconstruida del plato, no solo con una cuchara encima. Horneamos el queso en una sartén de hierro fundido; Dado que el hierro fundido retiene tan bien el calor, también mantiene el queso en el estado fluido y delicioso ideal para servir. Una llovizna extra de miel y un poco de cebollino picado al final refuerzan el perfil de sabor dulce y salado. Asegúrese de usar un queso Brie firme y poco maduro para esta receta.

1 Ajuste la rejilla del horno a la posición media y caliente el horno a 400 grados. Cocine en el microondas los albaricoques, 2 cucharadas de miel, romero, sal y pimienta en un tazón mediano hasta que los albaricoques se ablanden y la mezcla esté fragante, aproximadamente 1 minuto, revolviendo a la mitad del microondas. Agregue Brie y revuelva para combinar.

2 Transfiera la mezcla a una sartén de hierro fundido de 10 pulgadas y hornee hasta que el queso se derrita, de 10 a 15 minutos. Rocíe con las 2 cucharadas de miel restantes y espolvoree con cebollino. Servir inmediatamente.

70. **Saganaki**

Sirve de 6 a 8 | Tiempo activo 15 minutos
Tiempo total 15 minutos
2 cucharadas de harina de maíz
1 cucharada de harina para todo uso
1 bloque (8 onzas) de queso halloumi, cortado en rebanadas de ½ pulgada de grosor
2 cucharadas de aceite de oliva virgen extra
Rodajas de limón
Línea de meta
Saganaki es maravilloso rociado con miel.
Par perfecto
Sirva con ensalada de arroz integral con hinojo, champiñones y nueces (esta página), garbanzos asados (vea esta página) o camarones a la plancha con pistachos, comino y perejil (esta página).
POR QUÉ FUNCIONA ESTA RECETA Llamada así por la pequeña sartén que tradicionalmente se usa para preparar este plato, el saganaki griego se prepara cocinando en una sartén losas de queso firme hasta que desarrollen un exterior crujiente y dorado y un interior satisfactoriamente cálido y masticable; un plato maravilloso para hacer después de que hayan llegado sus invitados. El queso de elección suele ser el halloumi, un queso en salmuera originario de Chipre pero ahora popular en todo el Mediterráneo oriental. Hecho de leche de vaca, oveja o cabra (o una combinación), el halloumi tiene una cualidad elástica similar a la de la mozzarella, pero es más firme. Tiene un sabor suave, aunque generalmente bastante salado, y a menudo lo encontrará envasado en salmuera y vendido en bloques. Debido a cómo está hecho, halloumi tiene una red de proteínas muy fuerte, lo que significa que cuando se calienta, se ablanda pero no se derrite. Para lograr el clásico crocante, exterior dorado, espolvoree el halloumi con una mezcla de harina y harina de maíz antes de freírlo. Un chorrito de jugo de limón ofrece un final brillante y ácido.

1 Combine la harina de maíz y la harina en un plato poco profundo. Trabajando con una pieza de queso a la vez, cubra ambos lados anchos con la mezcla de harina de maíz, presionando para ayudar a que la capa se adhiera; transferir a la placa.

2 Caliente el aceite en una sartén antiadherente de 12 pulgadas a fuego medio hasta que brille. Coloque el halloumi en una sola capa en la sartén y cocine hasta que esté dorado por ambos lados, de 2 a 4 minutos por lado. Transferir a un plato y servir con rodajas de limón.

variaciones

Saganaki con salsa de ajo y perejil

Después de freír halloumi, deseche el aceite que quedó en la sartén y limpie la sartén con toallas de papel. Agregue 2 cucharadas de aceite de oliva virgen extra a la sartén ahora vacía y caliente a fuego medio hasta que brille. Agregue 1 diente de ajo en rodajas finas, 2 cucharadas de perejil fresco picado y ¼ de cucharadita de hojuelas de pimiento rojo y cocine hasta que el ajo esté dorado y fragante, aproximadamente 1 minuto. Rocíe la salsa sobre el halloumi frito y sirva con rodajas de limón.

71. Rollo de huevo con espinacas y gruyére

Sirve de 8 a 10 | Tiempo activo 15 minutos
Tiempo total 30 minutos
12 huevos grandes
1 diente de ajo, picado para pegar
¼ de cucharadita de sal de mesa
⅛ cucharadita de pimienta
¼ taza mitad y mitad
2 cucharadas de harina para todo uso
8 onzas de espinacas picadas congeladas, descongeladas y exprimidas
4 onzas de queso gruyére, rallado (1 taza)

Línea de meta

Corte el roscón en rebanadas uniformes y preséntelo en un plato grande para servir, espolvoreado con perejil picado o cebollín.

Par perfecto

Sirva con mayonesa de pimiento rojo (esta página) y quimbombó cajún en escabeche (esta página), ensalada de higos frescos (esta página) o baguette con rábanos, mantequilla y hierbas (esta página).

POR QUÉ FUNCIONA ESTA RECETA Un rollo de huevo o una tortilla enrollada de soufflé es ligero y aireado y puede alimentar a muchas personas a la vez, lo que lo convierte en un plato de huevo ideal y fácil para el brunch del domingo. Enrolle el rollo cocido en espiral sobre una bandeja para hornear con la ayuda de papel pergamino para evitar que se rompa. (Seguir las instrucciones para forrar la bandeja para hornear con papel pergamino que sobresalga es crucial para el éxito de este plato). .

1 Ajuste la rejilla del horno a la posición media y caliente el horno a 375 grados. Engrase una bandeja para hornear con borde con aceite vegetal en aerosol, luego cubra con una hoja de papel pergamino que sobresalga y engrase el pergamino con aceite vegetal en aerosol.

2 Bate los huevos, el ajo, la sal y la pimienta en un tazón grande. En un recipiente aparte, mezcle la mitad y la mitad y la harina, luego mezcle lentamente con la mezcla de huevo hasta que quede uniforme. Vierta con cuidado la mezcla de huevo en la bandeja para hornear preparada y espolvoree las espinacas por encima. Hornee hasta que los huevos estén listos, aproximadamente 9 minutos, girando la bandeja para hornear a la mitad de la cocción.

3 Retire la fuente del horno e inmediatamente espolvoree Gruyére por encima. Usando papel pergamino, enrolle el huevo sobre sí mismo en un cilindro apretado. Use papel pergamino para transferir el rollo a la tabla de cortar. Cortar y servir.

72. Ranúnculos de desayuno

Sirve 10 (hace 10 ranúnculos) | Tiempo activo 20 minutos
Tiempo total 50 minutos
10 huevos medianos
10 rebanadas de pan de emparedado blanco abundante, sin cortezas
4 cucharadas de mantequilla sin sal, derretida
10 rebanadas delgadas de queso suizo o queso cheddar (alrededor de 5 onzas)
5 lonchas finas de jamón Black Forest (alrededor de 5 onzas), cortadas por la mitad transversalmente

Línea de meta
Si lo desea, decore cada ranúnculo con pimienta negra recién molida y/o cebollino picado.

Par perfecto
Sirva con ensalada de tomate y burrata con pangrattato y albahaca (esta página), rábanos estofados en olla a presión y guisantes (esta página) o queso brie al horno con albaricoques a la miel (esta página).

POR QUÉ FUNCIONA ESTA RECETA Los botones de oro para el desayuno te dan huevos, carne y tostadas para 10 personas de una sola vez, y puedes prepararlos en cualquier momento del día. El plato se prepara enrollando pan delgado y presionándolo en moldes para muffins o moldes, cubriendo cada molde para muffins con jamón y queso, rompiendo huevos en el centro y horneando hasta que los huevos estén listos y los moldes para tostadas estén dorados. Si bien la mayoría de nuestras recetas requieren huevos grandes, aquí se necesitan huevos medianos para que quepan en los moldes para muffins.

1 Ajuste la rejilla del horno a la posición media superior y caliente el horno a 375 grados. Coloque los huevos en un tazón grande y cúbralos con agua caliente del grifo. Deje reposar 10 minutos.

2 Mientras tanto, enrolle el pan lo más delgado posible con un rodillo y presione en 10 tazas del perímetro de un molde para muffins de 12 tazas, dejando 2 tazas centrales vacías. Cepille las tazas de pan con mantequilla derretida y hornee hasta que estén ligeramente doradas, de 5 a 7 minutos.

3 Cubra cada rebanada de queso con una rebanada de jamón. Haga un corte desde el centro hacia 1 lado de cada pila. Dobla cada pila de jamón y queso en un cono y presiona en una taza de pan tostado. Rompa 1 huevo en cada taza y sazone con sal y pimienta.

4 Vuelva a colocar el molde para muffins en el horno y hornee hasta que las claras de huevo estén apenas cuajadas y aún luzcan ligeramente húmedas, de 14 a 18 minutos. Transfiera el molde a una rejilla y cúbralo bien con papel de aluminio. Deje reposar 5 minutos. Servir inmediatamente.

73. tortilla española

Sirve de 8 a 12 | Tiempo activo 40 minutos
Tiempo total 50 minutos

6 cucharadas más 1 cucharadita de aceite de oliva virgen extra, cantidad dividida

1½ libras de papas Yukon Gold, peladas, cortadas en cuartos y cortadas en rebanadas de ⅛ de pulgada de grosor

1 cebolla pequeña, cortada por la mitad y en rodajas finas

1 cucharadita de sal de mesa, dividida

¼ cucharadita de pimienta

8 huevos grandes

½ taza de pimientos rojos asados, enjuagados, secados y cortados en trozos de ½ pulgada

½ taza de guisantes congelados, descongelados

1 receta Alioli (esta página)

Inicio

Refrigere la tortilla, bien envuelta en una envoltura de plástico, hasta por 1 día.

Línea de meta

Para servir a un mayor número de invitados o transformar este bocado más abundante en un bocado pequeño, corte la tortilla en cuadrados pequeños; de lo contrario, quédese con las cuñas tradicionales.

Par perfecto

Agregue tapenade de aceitunas negras (esta página), higos envueltos en prosciutto con gorgonzola (esta página) o ensalada de melón con aceitunas y cebolla morada (esta página) a su untable.

POR QUÉ FUNCIONA ESTA RECETA Con papas deliciosamente tiernas en un omelet denso y cremoso, una tortilla española es un favorito de los bares de tapas inmensamente atractivo. También es muy fácil de hacer en casa. El ajo a menudo se incluye en la tortilla, pero nos gusta la idea de cubrir la tortilla con un alioli con ajo, cuya cremosidad complementa maravillosamente las papas y los huevos. Aumentamos aún más el sabor de la tortilla agregando guisantes verdes y pimientos rojos asados. Para voltear la tortilla, la deslizamos en un plato, colocamos otro plato encima antes de darle la vuelta y luego volvemos a deslizar la tortilla volteada en la sartén, una tarea potencialmente complicada hecha a prueba de errores. Dejar que la tortilla se enfríe en un paño de cocina limpio asegura que no se empape y se deshaga. Necesitará una sartén antiadherente de 10 pulgadas con una tapa que cierre bien para esta receta.

1 Mezcle ¼ de taza de aceite, papas, cebolla, ½ cucharadita de sal y pimienta en un tazón grande. Caliente 2 cucharadas de aceite en una sartén antiadherente de 10 pulgadas a fuego medio-alto hasta que brille. Agregue la mezcla de papas a la sartén y reduzca el fuego a medio-bajo. Tape y cocine, revolviendo cada 5 minutos, hasta que las papas estén tiernas, aproximadamente 25 minutos.

2 Bate los huevos y la ½ cucharadita de sal restante en un tazón ahora vacío, luego incorpora suavemente la mezcla de papa cocida, los pimientos rojos y los guisantes. Asegúrate de raspar toda la mezcla de papas de la sartén.

3 Calienta 1 cucharadita de aceite restante en una sartén ahora vacía a fuego medio-alto hasta que empiece a humear. Agregue la mezcla de papa y huevo y cocine, sacudiendo la sartén y doblando la mezcla constantemente durante 15 segundos. Alise la parte superior de la mezcla, reduzca el fuego a medio, cubra y cocine, sacudiendo suavemente la sartén cada 30 segundos, hasta que el fondo esté dorado y la parte superior esté ligeramente fraguada, aproximadamente 2 minutos.

4 Fuera del fuego, pase una espátula de goma resistente al calor alrededor del borde de la sartén y sacúdala suavemente para aflojar la tortilla; debe deslizarse libremente en la sartén. Deslice la tortilla en un plato grande, luego inviértala en un segundo plato grande y vuelva a colocarla en la sartén, con el lado dorado hacia arriba. Mete los bordes de la tortilla en la sartén con una espátula de goma. Continúe cocinando a fuego medio, sacudiendo suavemente la sartén cada 30 segundos, hasta que el segundo lado esté dorado, aproximadamente 2 minutos. Deslice la tortilla sobre un paño de cocina limpio y deje que se enfríe un poco. Servir tibio o a temperatura ambiente con alioli.

74. <u>Quesadillas para una multitud</u>

Sirve de 8 a 10 (hace 4 quesadillas) | Tiempo activo 30 minutos
Tiempo total 30 minutos

3 cucharadas de aceite vegetal
8 onzas de queso provolone, rallado (2 tazas)
8 onzas de queso mozzarella de leche entera, rallado (2 tazas)
¼ taza de chiles jalapeños picados en frasco
4 tortillas de harina (10 pulgadas)

Línea de meta
Sirve las quesadillas con crema agria y decora con cilantro picado.

Par perfecto
Agrega salsa de piña (ver esta página), guacamole de mango y habanero (esta página) o esquites (esta página) para untar sabroso de inspiración mexicana.

POR QUÉ FUNCIONA ESTA RECETA Las quesadillas son un excelente refrigerio con queso, al que le dan peso las tortillas. Para hacer suficientes de estas golosinas para alimentar a un gran grupo de personas de una sola vez, nos gusta hornearlas en lugar de cocinarlas en una sartén. Para evitar que el queso se licúe y se escurra por la bandeja para hornear, lo agregamos solo después de que se haya dorado el primer lado de cada tortilla. Este arreglo en la bandeja para hornear no es aleatorio. Es la mejor forma de preparar cuatro quesadillas grandes a la vez. Para estas quesadillas para adultos, agregamos jalapeños para darle un toque picante que también reduce la riqueza del queso. Es importante dejar que las quesadillas se enfríen antes de cortarlas; Directamente del horno, el queso se derrite y rezumará.

1 Ajuste la rejilla del horno a la posición media y caliente el horno a 450 grados. Cepille la bandeja para hornear con borde con aceite.
2 Combina el provolone, la mozzarella y los jalapeños en un tazón. Dobla las tortillas por la mitad. Coloque las tortillas dobladas en una sola capa sobre una hoja preparada con los bordes redondeados hacia el centro de la hoja.
3 Hornee hasta que la parte superior y los bordes de las tortillas comiencen a dorarse, de 5 a 7 minutos. Retire la hoja del horno. Voltea las tortillas. Usando tenazas, abra cada tortilla y rellene cada una con la misma cantidad de mezcla de queso (aproximadamente 1 taza cada una), dejando un borde de 1 pulgada. Cierra las tortillas y presiona firmemente con una espátula para compactar.
4 Regrese las quesadillas al horno y continúe horneando hasta que estén crujientes alrededor de los bordes y doradas en el segundo lado, de 4 a 6 minutos más. Retire del horno y presione suavemente las quesadillas con una espátula para desinflar las burbujas de aire. Transfiera a una rejilla y deje enfriar durante 5 minutos. Corta cada quesadilla en 8 gajos y sirve.

ENSALADAS PARA COMPARTIR

75. Ensalada de tomate

Para 6
Tiempo activo 10 minutos
Tiempo total 10 minutos

El éxito de esta ensalada veraniega depende del uso de tomates maduros y en temporada.

1½ libras de tomates maduros mixtos, sin corazón y en rodajas de ¼ de pulgada de grosor
3 cucharadas de aceite de oliva virgen extra
1 cucharada de chalota picada
1 cucharadita de jugo de limón
½ cucharadita de sal de mesa
¼ cucharadita de pimienta
2 cucharadas de piñones, tostados
1 cucharada de hojas de albahaca fresca rasgadas o cebollino fresco picado

Coloque los tomates en un plato grande. Batir el aceite, la chalota, el jugo de limón, la sal y la pimienta en un tazón pequeño. Vierta el aderezo sobre los tomates. Espolvorear con piñones y albahaca. Servir inmediatamente.

variaciones

Ensalada De Tomate Con Alcaparras Y Perejil

Omite los piñones. Agregue 1 cucharada de alcaparras enjuagadas, 1 filete de anchoa enjuagado y picado y ⅛ de cucharadita de hojuelas de pimiento rojo al aderezo. Sustituye la albahaca por perejil fresco picado.

Ensalada De Tomate Con Pecorino Romano Y Orégano

Agregue ½ cucharadita de ralladura de limón y ⅛ de cucharadita de hojuelas de pimiento rojo al aderezo. Sustituya 1 onza de queso pecorino romano o parmesano por piñones y 2 cucharaditas de orégano fresco picado por albahaca.

76.   Ensalada de calabacín afeitado con pepitas

Para 6
Tiempo activo 15 minutos
Tiempo total 15 minutos

El uso de calabacines en temporada y un buen aceite de oliva es crucial aquí. Busque calabacines pequeños, que son más jóvenes y tienen pieles más finas. Esté listo para servir este plato rápidamente después de ensamblarlo.

1½ libras de calabacín o calabaza de verano
2 cucharadas de aceite de oliva virgen extra
½ cucharadita de ralladura de lima más 1 cucharada de jugo
1 diente de ajo picado
¾ cucharadita de sal de mesa
¼ cucharadita de pimienta
½ taza de cilantro o perejil fresco picado
2 onzas de queso fresco o queso feta, desmenuzado (½ taza)
¼ taza de pepitas o semillas de girasol, tostadas

Con un pelador de verduras, corte los calabacines a lo largo en tiras muy finas. Batir el aceite, la ralladura y el jugo de limón, el ajo, la sal y la pimienta en un tazón grande. Agregue calabacín, cilantro y queso fresco y mezcle para combinar. Sazone con sal y pimienta al gusto. Espolvorear con pepitas y servir inmediatamente.

77. ensalada de hierbas

Para 6

3 cucharadas de aceite de oliva virgen extra
¼ de cucharadita de ralladura de limón más 1 cucharada de jugo
¼ de cucharadita de sal kosher
2 tazas de hojas de perejil fresco
2 tazas de hojas de hierbas tiernas mezcladas

Agrega el aceite, la ralladura y el jugo de limón y la sal en un tazón grande. Sazone con pimienta al gusto y bata para combinar bien. Agregue el perejil y las hojas de hierbas y mezcle hasta que se cubran uniformemente con el aderezo. Sazonar con sal al gusto. Servir inmediatamente.

Par perfecto

Disfrutamos especialmente de estas ensaladas cuando se colocan debajo de una proteína simple. Pruébalos con carne a la parrilla como Chicken Satay (esta página), o con mariscos refrigerados como Shrimp Rémoulade (esta página). También son geniales con costillas chinas a la barbacoa (esta página). Para una opción vegetariana, intente cubrirlos con saganaki (ver esta página) o espolvorear con Frico Friabile desmenuzado (esta página).

78. pai huang gua

Sirve de 6 a 8 | Tiempo activo 15 minutos
Tiempo total 15 minutos, más 15 minutos de drenaje
2 pepinos ingleses
1½ cucharaditas de sal kosher
4 cucharaditas de vinagre negro chino
1 cucharadita de ajo, picado para pegar
1 cucharada de salsa de soja
2 cucharaditas de aceite de sésamo tostado
1 cucharadita de azúcar
1 cucharadita de semillas de sésamo, tostadas

Par perfecto

Sirva con aceite de chile de Sichuan (esta página), Tempeh con salsa Sambal (esta página) o Fritto Misto di Mare (esta página). O intente servir estos pepinos en una tabla de quesos en lugar de pepinillos.

POR QUÉ FUNCIONA ESTA RECETA En la provincia china de Sichuan, el pai huang gua (pepinos machacados) se sirve tradicionalmente como un contrapunto refrescante para platos ricos y picantes. Fácil de dividir en porciones y sin verduras delicadas que se marchitarían rápidamente si se dejaran reposar durante mucho tiempo, la ensalada también es una gran candidata para un plato pequeño. Una breve salazón anima a los pepinos machacados a liberar rápidamente el líquido extra que de otro modo podría diluir su sabor, y los bordes escarpados se aferran fácilmente al aderezo picante de vinagre negro, salsa de soja y aceite de sésamo tostado. Recomendamos usar vinagre negro chino Chinkiang (o Zhenjiang) para este plato. Si no lo encuentra, puede sustituirlo por 2 cucharaditas de vinagre de arroz sin sazonar y 1 cucharadita de vinagre balsámico. Un rallador estilo raspador hace que el ajo se convierta rápidamente en una pasta.

1 Corta y desecha los extremos de los pepinos. Corta los pepinos transversalmente en 3 longitudes iguales. Coloque las piezas en una bolsa grande con cierre hermético y séllela. Usando una sartén pequeña o un rodillo, triture con firmeza pero con cuidado los trozos de pepino hasta que queden aplastados y divididos a lo largo en 3 o 4 puntas cada uno. Corte las lanzas en trozos ásperos de 1 a 1½ pulgadas y transfiéralos al colador en un tazón grande. Mezcle los trozos de pepino con sal y déjelos escurrir durante al menos 15 minutos o hasta 30 minutos.

2 Mientras reposan los pepinos, bate el vinagre y el ajo en un tazón pequeño; deje reposar durante al menos 5 minutos o hasta 15 minutos.

3 Batir la salsa de soya, el aceite y el azúcar en la mezcla de vinagre hasta que el azúcar se haya disuelto. Transfiera los pepinos a un tazón mediano, desechando cualquier líquido extraído. Agregue el aderezo y las semillas de sésamo a los pepinos y mezcle para combinar. Servir inmediatamente.

79. Ensalada De Zanahorias Al Estilo Marroquí

Sirve de 6 a 8 | Tiempo activo 20 minutos
Tiempo total 20 minutos

2 naranjas
1 cucharada de jugo de limón
1 cucharadita de miel
¾ cucharadita de comino molido
½ cucharadita de sal de mesa
⅛ cucharadita de pimienta de cayena
⅛ cucharadita de canela molida
1 libra de zanahorias, peladas y ralladas
3 cucharadas de cilantro fresco picado
3 cucharadas de aceite de oliva virgen extra

Inicio

Refrigere la ensalada hasta por 1 día. Deje que alcance la temperatura ambiente, escurra y agregue el cilantro y el aceite justo antes de servir.

Par perfecto

Sirva con alitas de pollo al horno (esta página), huevos encurtidos con remolacha (esta página), ranúnculos para el desayuno (esta página) o Lop Cheung Bao (esta página).

POR QUÉ FUNCIONA ESTA RECETA Las zanahorias coloridas sirven como base para esta sencilla ensalada, aún más fácil gracias al hecho de que se puede preparar hasta un día antes sin perder su vitalidad. Inspirándonos en los sabores de Marruecos, combinamos zanahorias ralladas con aceite de oliva afrutado, miel floral y comino, canela y pimienta de cayena con una fragancia cálida. Para complementar las zanahorias terrosas y dulces, añadimos jugosos gajos de naranja, reservando un poco del jugo de naranja para el aderezo para ensaladas. Un chorrito de jugo de limón tanger mantiene la dulzura de la ensalada bajo control. Para agregar frescura, agregamos un poco de cilantro picado antes de servir. Usa los agujeros grandes de un rallador de caja para triturar las zanahorias.

1 Cortar la piel y la médula de las naranjas. Sosteniendo la fruta sobre el tazón, use un cuchillo para pelar para cortar entre las membranas para liberar los segmentos. Corte los segmentos por la mitad transversalmente y déjelos escurrir en un colador de malla fina colocado sobre un tazón grande, reservando el jugo.

2 Batir el jugo de limón, la miel, el comino, la sal, la cayena y la canela en el jugo de naranja reservado. Agregue las naranjas y las zanahorias escurridas y revuelva suavemente para cubrir. Deje reposar hasta que el líquido comience a acumularse en el fondo del tazón, de 3 a 5 minutos.

3 Escurra la ensalada en un colador de malla fina y regrésela al recipiente ahora vacío. Agregue el cilantro y el aceite y sazone con sal y pimienta al gusto. Atender.

variaciones

Ensalada de Zanahorias al Estilo Marroquí con Harissa y Feta
Sustituya 2 cucharadas de harissa por comino, pimienta de cayena y canela. Sustituye el cilantro por 2 cucharadas de menta fresca picada. Agregue ½ taza de queso feta desmenuzado a la ensalada con menta.

80. Gajarachi Koshimbir

Sirve de 6 a 8 | Tiempo activo 25 minutos
Tiempo total 25 minutos, más 30 minutos sentado

Ensalada

12 onzas de fideos de zanahoria, cortados en trozos de 3 pulgadas
3 cucharadas de azúcar
¾ cucharadita de sal de mesa
½ cebolla picada fina (opcional)
2 cucharadas de jugo de lima
6 cucharadas de maní tostado en seco, picado fino
¼ taza de hojas y tallos de cilantro fresco picado
¼ taza de coco fresco rallado

Aceite de condimento especiado

1 cucharada de aceite vegetal
2 cucharaditas de semillas de mostaza negra
1 chile tailandés, cortado a la mitad a lo largo
⅛ cucharadita de cúrcuma molida
⅛ cucharadita de asafétida molida
10 hojas de curry frescas

Inicio

Refrigere el aceite de condimento especiado hasta por 6 horas. Antes de agregar maní, cilantro y coco, refrigere la ensalada por hasta 6 horas. Agregue los cacahuates y decore con cilantro y coco antes de servir.

Par perfecto

Sirva con tortilla española (esta página), pakoras (esta página) y chutney de cilantro y menta (esta página), o dakgangjeong (esta página).

POR QUÉ FUNCIONA ESTA RECETA Dulce, especiada, ácida, crujiente y aromática, esta ensalada tradicional del estado de Maharashtra en el oeste de la India combina zanahorias con coco, maní, cilantro y aceite especiado. Las zanahorias en espiral tienen el grosor adecuado para combinar con el aderezo especiado; salarlos y azucararlos intensifica su sabor y dulzura. Preferimos enrollar las zanahorias en espiral para obtener el mejor sabor, pero puede usar fideos de zanahoria comprados en la tienda o zanahorias en palitos. Necesitará

1 libra de zanahorias para producir 12 onzas de fideos. Las semillas de mostaza negra, la cúrcuma, la asafétida y las hojas de curry se pueden encontrar en mercados indios, proveedores de especias o en línea. Preferimos triturar coco fresco en los agujeros grandes de un rallador de caja. También puede usar coco rallado congelado sin azúcar de los mercados indios o asiáticos. Las semillas de mostaza saltarán de la sartén y las hojas de curry salpicarán cuando se agreguen al aceite caliente; considere cubrir la cacerola con una pantalla contra salpicaduras o una tapa durante la cocción. Si lo prefiere, puede agregar ¼ de cucharadita de pimienta de cayena a la mezcla de zanahoria con jugo de limón en el paso 1 en lugar del chile tailandés que usó en el paso 2.

1 Para la ensalada Mezcle los fideos de zanahoria con azúcar y sal en un centrifugador de ensaladas y déjelos reposar hasta que estén parcialmente marchitos y su volumen reducido en un tercio, aproximadamente 15 minutos. Gira las zanahorias hasta que se elimine el exceso de líquido, de 10 a 20 segundos. Transfiera las zanahorias a un tazón grande y mezcle con la cebolla, si la usa, y el jugo de lima.

2 Para el aceite de condimento con especias Caliente el aceite en una cacerola pequeña o wok de condimento a fuego medio-alto hasta que empiece a humear. (Pruebe la temperatura del aceite agregando 1 semilla de mostaza; la semilla de mostaza debe chisporrotear y reventar inmediatamente; si no es así, continúe calentando el aceite y repita la prueba). Agregue con cuidado las semillas de mostaza y luego reduzca el fuego a bajo. Agregue el chile tailandés, la cúrcuma y la asafétida y cocine hasta que esté fragante, aproximadamente 5 segundos. Fuera del fuego, agregue con cuidado las hojas de curry y cocine hasta que las hojas chisporroteen y estén translúcidas en algunas partes, de 5 a 10 segundos.

3 Vierta la mezcla de aceite caliente en la mezcla de zanahoria y deje reposar durante 15 minutos. Agregue los cacahuates, luego espolvoree con cilantro y coco. Atender.

81. Remolade de manzana e hinojo

Sirve 6 | Tiempo activo 15 minutos
Tiempo total 15 minutos
¼ taza de mayonesa
2 cucharadas de mostaza integral
2 cucharadas de jugo de limón
2 cucharadas de alcaparras, enjuagadas, más 1 cucharada de salmuera
4 costillas de apio, en rodajas finas al sesgo
1 bulbo de hinojo, 1 cucharada de hojas picadas, los tallos descartados, el bulbo cortado a la mitad, sin el corazón y cortado en rodajas finas transversalmente
1 manzana, sin corazón y cortada en cerillas de 2 pulgadas de largo
Inicio
Refrigere la rémoulade hasta por 1 día; revuelva la ensalada para recombinar antes de servir.
Par perfecto
Sirva la rémoulade con salchichas en rodajas, champiñones rellenos (consulte esta página), dedos de pollo con costra de pretzel y mostaza y miel (esta página) o latkes (esta página).
POR QUÉ FUNCIONA ESTA RECETA Esta ensalada ligera permite que las manzanas brillen en una sabrosa aplicación junto con el hinojo y el apio, con la riqueza cremosa de una cucharada de mayonesa y un toque de sabor de mostaza y jugo de limón. Sencillo pero versátil, como plato pequeño independiente provoca el paladar con su combinación de sabores brillantes y texturas delicadas y crujientes. Estas cualidades también hacen que esta ensalada sea un maridaje excelente para una variedad de platos pequeños más pesados: para una presentación digna de un restaurante, incluso puede usarla como base para una proteína simplemente cocida, como pollo o cerdo. Puede usar cualquier variedad de manzana aquí, pero las variedades crujientes y dulces, como Fuji, Gala y Honeycrisp, funcionan especialmente bien.
Batir la mayonesa, la mostaza, el jugo de limón y la salmuera de alcaparras en un tazón grande. Agregue las alcaparras, el apio, el bulbo de hinojo y la manzana y mezcle para combinar. Sazone con sal y pimienta al gusto. Cubra con hojas de hinojo y sirva.

82. Ensalada de hinojo, naranja y aceitunas

Sirve 6 | Tiempo activo 15 minutos
Tiempo total 15 minutos
2 naranjas sanguinas
1 bulbo de hinojo, sin los tallos, cortado por la mitad, sin el centro y en rodajas finas
¼ taza de aceitunas negras curadas en salmuera sin hueso, en rodajas finas
3 cucharadas de aceite de oliva virgen extra
2 cucharadas de menta fresca picada en trozos grandes
2 cucharaditas de jugo de limón

Inicio

Refrigere la ensalada hasta por 1 día. Deje que alcance la temperatura ambiente y agregue la menta y el aceite justo antes de servir.

Par perfecto

Sirva con socca (ver esta página), Manchego marinado (esta página) o Cordero Fatayer (esta página).

POR QUÉ FUNCIONA ESTA RECETA Los colores llamativos de esta ensalada siciliana clara y brillante significan que nunca se desvanece en el fondo, incluso cuando es solo un elemento de una variedad más grande. Y aún mejor, su variedad complementaria de sabores y texturas: hinojo crujiente con aroma a anís; jugosas naranjas sanguinas; aceitunas negras tiernas y saladas: haga esta ensalada que es tan agradable de comer como de mirar. Para asegurarnos de que las naranjas sanguinas carmesí se distribuyan uniformemente en la ensalada, cortamos los gajos en trozos pequeños y revolvemos la ensalada suavemente para evitar que los trozos pequeños se deshagan. Para terminar nuestra ensalada, agregamos algunas aceitunas negras curadas en aceite para un contraste salado, además de menta fresca, jugo de limón, aceite de oliva, sal y pimienta.

Cortar la piel y la médula de las naranjas. Corte en cuartos las naranjas, luego córtelas transversalmente en trozos de ½ pulgada de grosor. Combine las naranjas y cualquier jugo acumulado, hinojo, aceitunas, aceite, menta y jugo de limón en un tazón. Sazone con sal y pimienta al gusto. Atender.

83. Ensalada De Cítricos Y Radicchio Con Dátiles

Sirve de 6 a 8 | Tiempo activo 25 minutos
Tiempo total 25 minutos, más 15 minutos de drenaje
2 pomelos rojos
3 naranjas
1 cucharadita de azúcar
½ cucharadita de sal de mesa
3 cucharadas de aceite de oliva virgen extra
1 chalote pequeño, picado
1 cucharadita de mostaza Dijon
1 cabeza pequeña de achicoria (6 onzas), cortada por la mitad, sin el centro y en rodajas finas
⅔ taza de dátiles picados sin hueso, cantidad dividida
½ taza de almendras ahumadas, picadas, divididas

Línea de meta
Para asegurarse de que la achicoria no se marchite, asegúrese de colocar rodajas de cítricos en el fondo del plato antes de cubrirlas con la achicoria.

Par perfecto
Sirva la ensalada con Saganaki (esta página), Calabaza de invierno en olla a presión con halloumi y coles de Bruselas (esta página), o Pierogi con papas y queso cheddar (esta página).

POR QUÉ FUNCIONA ESTA RECETA Esta ensalada compuesta alegrará cualquier mesa. Comenzamos construyendo la ensalada sobre una base de pomelo y rodajas de naranja, cubriendo los cítricos con rodajas de achicoria roja morada para una presentación atractiva. Para domar el amargor de la toronja y evitar que su abundante jugo ahogue la ensalada en líquido, tratamos la toronja (y las naranjas) con azúcar y sal y las dejamos escurrir durante un cuarto de hora antes de colocarlas en capas en el plato de servir. reservando parte del jugo para una vinagreta. Las almendras ahumadas saladas agregan una riqueza suave y los dátiles aportan dulzura. Aquí preferimos usar naranjas Navel, tangelos o Cara Caras.

1 Corte la cáscara y la médula de las toronjas y las naranjas. Corte cada fruta por la mitad de polo a polo, luego córtelas

transversalmente de ¼ de pulgada de grosor. Transfiera a un tazón, mezcle con azúcar y sal, y deje reposar durante 15 minutos.

2 Escurra la fruta en un colador de malla fina colocado sobre un tazón, reservando 2 cucharadas de jugo. Coloque la fruta en capas uniformes en una fuente para servir y rocíe con aceite. Batir el jugo de cítricos reservado, la chalota y la mostaza en un tazón mediano. Agregue radicchio, ⅓ de taza de dátiles y ¼ de taza de almendras y mezcle suavemente para cubrir. Sazone con sal y pimienta al gusto. Coloque la mezcla de radicchio sobre la fruta, dejando un borde de fruta de 1 pulgada alrededor de los bordes. Espolvorea con el ⅓ de taza de dátiles restante y el ¼ de taza de almendras restante. Atender.

84. Ensalada Caprese De Durazno

Sirve de 6 a 8 | Tiempo activo 15 minutos
Tiempo total 15 minutos

- 3 cucharadas de aceite de oliva virgen extra
- 1½ cucharadas de jugo de limón
- ¼ de cucharadita de sal de mesa
- ⅛ cucharadita de pimienta
- 1 libra de duraznos maduros pero ligeramente firmes, cortados en cuartos y sin hueso, cada cuarto cortado en 4 rebanadas
- 12 onzas de queso mozzarella fresco, en bolas cortadas por la mitad y rebanadas de ¼ de pulgada de grosor
- 6 hojas grandes de albahaca fresca o menta, cortadas en trozos pequeños

Línea de meta

Al servir la ensalada, alterne rebanadas de mozzarella con duraznos para crear un patrón agradable.

Par perfecto

Sirva la ensalada con un plato de antipasto, arepas (ver esta página) o Tostadas de camarones con ensalada de coco y piña (esta página).

POR QUÉ FUNCIONA ESTA RECETA Una ensalada caprese tradicional muestra la combinación simple pero convincente de tomates maduros y queso mozzarella fresco. Agregue un poco de aceite de oliva virgen extra de buena calidad y vinagre balsámico dulce, y tendrá una comida al aire libre de verano ganadora garantizada. Queríamos preservar la pureza de una caprese al mismo tiempo que presentamos otra de las gemas jugosas del verano: duraznos maduros y frescos. En esta ensalada preferimos la forma en que el jugo de limón fresco, en lugar del vinagre balsámico, realza y complementa el sabor de los melocotones dulces. Mezclar las rodajas de durazno con el aderezo antes de armar la ensalada asegura que cada bocado esté completamente cubierto y sazonado. Para obtener los mejores resultados, use duraznos maduros de temporada de alta calidad con un aroma fragante y una pulpa que ceda ligeramente cuando se presiona suavemente. Nos gusta usar bolas de mozzarella fresca de 4 onzas en esta receta.

1 Batir el aceite, el jugo de limón, la sal y la pimienta en un tazón grande. Agregue los duraznos y revuelva suavemente para cubrir.

2 Coloque los duraznos y la mozzarella en una fuente para servir. Rocíe cualquier aderezo restante del tazón sobre la parte superior. Espolvorear con albahaca. Sazone con sal y pimienta al gusto. Atender.

85. Ensalada De Burrata Con Pangrattato Y Albahaca

Sirve de 6 a 8 | Tiempo activo 35 minutos
Tiempo total 35 minutos, más 30 minutos de drenaje
1½ libras de tomates maduros, sin corazón y cortados en trozos de 1 pulgada
8 onzas de tomates cherry maduros, cortados a la mitad
½ cucharadita más una pizca de sal de mesa, cantidad dividida
3 onzas de pan italiano rústico, cortado en trozos de 1 pulgada (1 taza)
6 cucharadas de aceite de oliva virgen extra, dividido
Pizca de pimienta
1 diente de ajo picado
1 chalote, cortado por la mitad y en rodajas finas
1½ cucharadas de vinagre balsámico blanco
½ taza de albahaca fresca picada
8 onzas de queso burrata, temperatura ambiente

Línea de meta

Para una ensalada aún más colorida, use una combinación de tomates cherry amarillos, anaranjados y rojos y/o una variedad de tomates reliquia coloridos. Si lo desea, decore la ensalada con un puñado de hojas enteras de albahaca.

Par perfecto

Sirva con pinchos morunos (esta página), tortas de garbanzos (esta página) o pan plano a la parrilla (ver esta página).

POR QUÉ FUNCIONA ESTA RECETA Los mejores platos pequeños tienen un color llamativo, un sabor audaz y una variación de textura en cada bocado. Esta interpretación reinventada de la ensalada caprese hace todo lo anterior, protagonizada por los mejores tomates del verano junto con burrata rica y mantecosa, una versión de lujo de mozzarella fresca. Dado que la burrata es mucho más rica que la mozzarella fresca normal, los otros ingredientes deben intensificarse para que puedan sostenerse. Salar los tomates estándar y los tomates cherry extrae sus jugos acuosos y concentra su sabor. La chalota y el vinagre balsámico blanco hacen una vinagreta audaz (puedes usar vinagre balsámico rojo, pero manchará el hermoso y cremoso queso). Una cobertura de pangrattato italiano (pan rallado rústico con ajo) absorbe los jugos de tomate y la crema de burrata. El éxito de este plato depende de utilizar maduro,

1 Mezcle los tomates con ¼ de cucharadita de sal y déjelos escurrir en un colador durante 30 minutos.

2 Mientras tanto, triture el pan en el procesador de alimentos hasta obtener migas grandes que midan entre ⅛ y ¼ de pulgada, aproximadamente 10 pulsos. Combine las migas, 2 cucharadas de aceite, una pizca de sal y pimienta en una sartén antiadherente de 12 pulgadas. Cocine a fuego medio, revolviendo con frecuencia, hasta que las migas estén crujientes y doradas, aproximadamente 10 minutos. Despeje el centro de la sartén, agregue el ajo y cocine, triturando el ajo en la sartén, hasta que esté fragante, aproximadamente 30 segundos. Revuelva el ajo en las migas. Transferir a un plato y dejar enfriar un poco.

3 Bata la chalota, el vinagre y el ¼ de cucharadita de sal restante en un tazón grande. Batiendo constantemente, rocíe lentamente el ¼ de taza de aceite restante. Agregue los tomates y la albahaca y revuelva suavemente para combinar. Sazone con sal y pimienta al gusto y coloque en una fuente para servir. Corta la burrata en trozos de 1 pulgada, recolectando el líquido cremoso. Espolvorea burrata sobre los tomates y rocía con líquido cremoso. Espolvorear con pan rallado y servir inmediatamente.

86. Ensalada De Sandía Con Cotija Y Serrano

Sirve 6 | Tiempo activo 20 minutos
Tiempo total 20 minutos
⅓ taza de jugo de lima (3 limas)
2 cebolletas, partes blancas y verdes separadas y en rodajas finas
2 chiles serranos, sin tallo, cortados por la mitad, sin semillas y cortados en rodajas finas transversalmente
1–2 cucharadas de azúcar (opcional)
¾ cucharadita de sal de mesa
6 tazas de sandía sin semillas de 1½ pulgadas
3 onzas de queso cotija, desmenuzado (¾ taza), uso dividido
5 cucharadas de cilantro fresco picado, cantidad dividida
5 cucharadas de pepitas picadas asadas y saladas, cantidad dividida

Par perfecto

Sirva la ensalada con Sung Choy Bao (esta página), Cóctel de Camarón (esta página) o Easy Mini Chicken Empanadas (esta página).

POR QUÉ FUNCIONA ESTA RECETA Jugosa y dulce y compuesta de grandes trozos de melón de colores brillantes, esta ensalada y sus variaciones tienen todas las características de un plato pequeño sorprendente. Nuestra versión de sandía presenta un intenso aderezo de jugo de limón, cebolletas, chiles y cilantro que resiste la dilución por la abundante humedad de la sandía. Algunas pepitas asadas ofrecen un crujido sutil, y las nueces en combinación con una pizca de queso cotija agregan riqueza en lugar de aceite (que solo sería repelido por la humedad de la superficie de la sandía). Las dos variaciones sustituyen el melón y la melaza por la sandía y cambian los sabores de los aderezos y las guarniciones. Pruebe su melón mientras lo corta: si es muy dulce, omita el azúcar; si es menos dulce, agregue el azúcar al aderezo. Los jalapeños se pueden sustituir por los serranos.

Combine el jugo de lima, las cebolletas y los serranos en un tazón grande y deje reposar durante 5 minutos. Agregue el azúcar, si lo usa, y la sal. Agregue sandía, ½ taza de cotija, ¼ de taza de cilantro, ¼ de taza de pepitas y hojas de cebollín y revuelva para combinar. Transfiera a un tazón para servir poco profundo. Espolvorea con el ¼ de taza de cotija restante, 1 cucharada de cilantro restante y 1 cucharada de pepitas restante y sirve.

variaciones

Ensalada De Melón Con Aceitunas Y Cebolla Roja

Omita los serranos, el azúcar, la cotija y el cilantro. Reduzca la sal a ½ cucharadita. Sustituya el jugo de limón y las cebolletas por jugo de limón y ½ cebolla roja en rodajas finas. Agregue de 1 a 3 cucharadas de miel (opcional), 1 cucharadita de pimienta de Alepo seca molida y sal a la mezcla de jugo de limón. Sustituya la sandía por 1 melón, cortado en trozos de 1½ pulgadas (alrededor de 6 tazas), y agregue ¼ de taza de perejil fresco picado, ¼ de taza de menta fresca picada y 3 cucharadas de aceitunas curadas en aceite sin hueso finamente picadas junto con el melón. Transfiera a un tazón para servir y espolvoree con 1 cucharada adicional de perejil, 1 cucharada de menta y 1 cucharada de aceitunas antes de servir.

Ensalada De Melón Con Cacahuetes Y Lima

Omita serranos y cotija. Sustituya las cebolletas por 1 chalota en rodajas finas, 1 melón dulce, cortado en trozos de 1½ pulgadas (alrededor de 6 tazas), por la sandía, y las pepitas por cacahuetes tostados y salados picados. Reduzca la sal a ½ cucharadita. Con un mortero y una mano (o sobre una tabla de cortar con el lado plano de un cuchillo de chef), triture 2 chiles tailandeses sin tallo, sin semillas y picados, 1 diente de ajo picado y sal hasta obtener una pasta fina. Agregue la pasta de chile y 1 cucharada de salsa de pescado al tazón con la mezcla de chalotes. Agregue ¼ de taza de menta fresca picada al tazón con melaza. Transfiera a un tazón para servir poco profundo y espolvoree con 1 cucharada adicional de menta junto con cilantro y maní antes de servir.

87.   Ensalada De Higos Frescos

Sirve 6 | Tiempo activo 25 minutos
Tiempo total 25 minutos
3 cucharadas de vinagre balsámico
2 cucharadas de oporto rubí
¾ taza de rúcula tierna, picada gruesa
8 onzas de higos, cortados a la mitad (alrededor de 2 tazas)
4 onzas de queso de cabra, desmenuzado
2 onzas de mortadela en rodajas finas, desgarrada
½ cucharadita de sal marina en escamas
½ cucharadita de pimienta molida
2 cucharadas de aceite de oliva virgen extra
2 cucharadas de pistachos tostados picados

Línea de meta

Para una presentación atractiva, extienda la ensalada en una sola capa en una fuente ancha para servir o en platos individuales, y asegúrese de voltear los higos con el lado cortado hacia arriba.

Par perfecto

Sirva con Aceitunas all'Ascolana (esta página), Paté de hígado de pollo (esta página), Pizzas de pan francés (esta página) o Gougères (esta página).

POR QUÉ FUNCIONA ESTA RECETA Para una ensalada compuesta que exhibe higos frescos como joyas, y que no se vería fuera de lugar ni siquiera en la cena más elegante, comenzamos cocinando vino oporto y vinagre balsámico en un almíbar. Luego rociamos esta sabrosa mezcla sobre una cama de rúcula picante, higos frescos cortados a la mitad, queso de cabra y rodajas de mortadela. Un poco de sal marina en escamas, pimienta negra molida, aceite de oliva y pistachos tostados picados en la parte superior completan esta elegante ensalada en plato. Si lo desea, puede sustituir la mortadela por prosciutto. Preferimos higos pequeños aquí. Si solo puede encontrar higos grandes, córtelos en cuartos. Para una versión sin alcohol, omita el oporto y aumente el vinagre balsámico a 5 cucharadas. Para obtener los mejores resultados, sugerimos comprar un tronco de queso de cabra de buena calidad.

1 Combine el vinagre y el oporto en una cacerola pequeña. Llevar a ebullición a fuego medio-alto. Cocine hasta que espese y se vuelva almibarado (la mezcla debe medir apenas 2 cucharadas), aproximadamente 3 minutos. Dejar enfriar durante al menos 5 minutos.

2 Coloque la rúcula en una fuente para servir y cubra con higos, queso de cabra y mortadela. Espolvorear con sal y pimienta. Rocíe con aceite y la mezcla balsámica. Cubra con pistachos. Atender.

88. Ensalada De Frijoles Fava Y Rábanos

Sirve de 6 a 8 | Tiempo activo 40 minutos
Tiempo total 40 minutos
3 libras de habas, peladas (3 tazas)
¼ taza de aceite de oliva virgen extra
3 cucharadas de jugo de limón
2 dientes de ajo, picados
½ cucharadita de sal de mesa
¼ cucharadita de pimienta
¼ de cucharadita de cilantro molido
10 rábanos, cortados, cortados por la mitad y en rodajas finas
1½ onzas (1½ tazas) de brotes de guisantes o microvegetales
¼ taza de albahaca o menta fresca picada
Inicio
Blanquee y pele las habas con hasta 1 día de anticipación; reanude con el paso 2 cuando esté listo para armar la ensalada.

Par perfecto

Sirva la ensalada con almendras tostadas (vea esta página), Paté fácil de champiñones (esta página), Huevos rellenos de trucha ahumada (esta página) o Rollo de huevo con espinacas y queso gruyére (esta página).

POR QUÉ FUNCIONA ESTA RECETA Cada bocado de esta vibrante y sabrosa ensalada con habas, rábanos y brotes de guisantes es una celebración de la primavera. Las habas son cremosas y tiernas, los brotes de guisantes frescos brindan una textura delicada y un poco de dulzura natural, y las finas medias lunas de rábanos picantes brindan un bocado crujiente y picante y motas de rojo y blanco contrastantes a nuestra ensalada verde. La albahaca fresca y un aderezo de limón agregan una nota final picante a base de hierbas. Esta receta funciona mejor con habas frescas, pero si no las encuentra, puede sustituirlas por 1 libra (3 tazas) de habas peladas congeladas, descongeladas. Omita el paso 1 si usa favas congeladas. Asegúrese de preparar el baño de hielo antes de cocinar las habas,

1 Pon a hervir 4 cuartos de galón de agua en una olla grande a fuego alto. Llene un recipiente grande hasta la mitad con hielo y agua. Agregue las habas al agua hirviendo y cocine por 1 minuto. Usando una cuchara ranurada, transfiera las habas al baño de hielo y deje enfriar, aproximadamente 2 minutos. Transfiera las habas a una capa triple de toallas de papel y séquelas bien. Con un cuchillo para pelar, haz un pequeño corte a lo largo del borde de cada frijol a través de la vaina cerosa, luego aprieta suavemente la vaina para liberar la vaina; desechar la vaina.

2 Batir el aceite, el jugo de limón, el ajo, la sal, la pimienta y el cilantro en un tazón grande. Agregue los rábanos, los brotes de guisantes, la albahaca y las habas y mezcle suavemente para cubrir. Servir inmediatamente.

89. <u>Som Tam</u>

Sirve de 8 a 10 | Tiempo activo 25 minutos
Tiempo total 25 minutos, más 30 minutos de marinado
2 cucharadas de azúcar morena empacada, dividida
2–4 chiles tailandeses, sin tallo y en rodajas finas
2 cucharadas de camarones secos picados (opcional)
1 diente de ajo picado
3 cucharadas de jugo de lima (2 limas), más extra para sazonar
2 cucharadas de salsa de pescado, más extra para sazonar
1 papaya verde (2 libras), pelada, cortada por la mitad a lo largo y sin semillas
4 onzas de judías verdes, recortadas y cortadas en trozos de 1 pulgada al sesgo
3 onzas de tomates cherry, en cuartos
3 cucharadas de maní tostado seco picado

Inicio

Marina la papaya en el aderezo hasta por 4 horas.

Par perfecto

Sirva la ensalada con jalapeños (esta página), pasteles de arroz integral con espinacas y edamame (esta página) o panceta de cerdo marinada con chile (esta página).

POR QUÉ FUNCIONA ESTA RECETA Som tam ("golpes agrios"), una ensalada tailandesa crujiente, agria y picante hecha con papaya verde, brinda el contraste fresco y crujiente necesario para equilibrar una comida de platos más pesados. La pulpa firme de una papaya puede ser difícil de masticar, por lo que tradicionalmente la fruta se tritura con un cuchillo del tamaño de un machete y luego se golpea con un mortero hasta que se ablanda. Usamos un rallador de caja para triturar y luego, en lugar de confiar en el machacado mecánico, ablandamos la papaya macerándola en un aderezo de ajo, jugo de lima, salsa de pescado, azúcar moreno y chile tailandés. Las judías verdes y los tomates agregan un crujido crujiente, al igual que una pizca final de maní tostado. No use papaya madura; no funcionará aquí. Sustituya la papaya por 1½ libras de jícama (pelada, cortada en cuartos y rallada) si lo desea. Puede sustituir los chiles tailandeses por 1–2 chiles serranos o ½–1 chile jalapeño. Para un plato más picante, use la mayor cantidad de chiles.

1 Con un mortero y una maja (o sobre una tabla de cortar con el lado plano de un cuchillo de cocina), triture 1 cucharada de azúcar; chiles tailandeses; camarones, si se usan; y ajo a pasta fina; transferir a un tazón grande. Agregue el jugo de lima, la salsa de pescado y la cucharada de azúcar restante hasta que el azúcar se haya disuelto. Corte en cuartos cada mitad de papaya. Triture la papaya usando agujeros grandes de un rallador de cajas o un disco triturador de un procesador de alimentos. Transfiera la papaya al tazón con el aderezo y revuelva para cubrir. Deje reposar durante al menos 30 minutos, revolviendo ocasionalmente.

2 Cocine en el microondas las judías verdes y 1 cucharada de agua en un recipiente tapado, revolviendo ocasionalmente, hasta que estén tiernas, aproximadamente 4 minutos. Escurra las judías verdes y enjuague inmediatamente con agua fría. Una vez frío, escurrir de nuevo y secar bien con toallas de papel. Agregue judías verdes y tomates a la mezcla de papaya y revuelva para combinar. Sazone con jugo de lima extra y salsa de pescado al gusto. Transfiera la ensalada a un plato para servir y espolvoree con maní. Atender.

90. Horiatiki Salata

Sirve de 8 a 10 | Tiempo activo 20 minutos
Tiempo total 20 minutos, más 30 minutos de drenaje
1¾ libras de tomates maduros, sin corazón
1¼ cucharaditas de sal de mesa, cantidad dividida
½ cebolla roja, en rodajas finas
2 cucharadas de vinagre de vino tinto
1 cucharadita de orégano seco, más extra para sazonar
½ cucharadita de pimienta
1 pepino inglés, cortado en cuartos a lo largo y cortado en trozos de ¾ de pulgada
1 pimiento verde, sin tallo, sin semillas y cortado en tiras de 2 por ½ pulgada
1 taza de aceitunas kalamata sin hueso
2 cucharadas de alcaparras, enjuagadas
¼ de taza de aceite de oliva virgen extra, más extra para rociar
1 bloque (8 onzas) de queso feta, cortado en triángulos de ½ pulgada de grosor

Par perfecto
Para untar con los sabores del Mediterráneo, sirva con Muhammara (vea esta página), Chuletas de costilla de cordero con salsa de menta y romero (esta página) o Keftedes (esta página).

POR QUÉ FUNCIONA ESTA RECETA Bocados de tomates dulces, aceitunas en salmuera, cebolla salada, pepino crujiente y losas de queso feta picante conforman esta clásica ensalada griega. El uso de tomates maduros de temporada alta es imprescindible aquí; empezamos echando gajos de tomate cortados a la mitad con sal y colocándolos en un colador para escurrir el exceso de humedad. Remojar las rodajas de cebolla en agua helada suaviza su mordisco. Un cremoso queso feta griego aporta riqueza a las verduras magras. El orégano seco es la opción tradicional para el aderezo: su delicado sabor complementa las verduras y no las eclipsa como podría hacerlo el orégano fresco. Es costumbre aderezar horiatiki salata con lloviznas de aceite y vinagre, pero modificamos la costumbre echando las verduras con vinagre antes de rociarlas con aceite para garantizar una cobertura uniforme. Use solo tomates grandes y redondos aquí, no Roma o tomates cherry.

1 Corte los tomates en gajos de ½ pulgada de grosor. Corta los gajos por la mitad transversalmente. Mezcle los tomates y ½ cucharadita de sal en un colador colocado en un tazón grande. Dejar escurrir durante 30 minutos. Coloque la cebolla en un tazón pequeño, cubra con agua helada y deje reposar durante 15 minutos. Bate el vinagre, el orégano, la pimienta y los ¾ de cucharadita de sal restantes en un segundo tazón pequeño.

2 Deseche el jugo de tomate y transfiera los tomates a un recipiente ahora vacío. Escurra la cebolla y agréguela al tazón con los tomates. Agregue la mezcla de vinagre, el pepino, el pimiento, las aceitunas y las alcaparras y revuelva para combinar. Rocíe con aceite y revuelva suavemente para cubrir. Sazone con sal y pimienta al gusto. Transfiera a un plato para servir y cubra con queso feta. Sazone cada rebanada de queso feta con orégano extra al gusto y rocíe con aceite extra. Atender.

91. Fattoush de calabaza moscada y manzana

Sirve 8 | Tiempo activo 35 minutos
Tiempo total 1¼ horas
2 panes de pita (8 pulgadas)
½ taza de aceite de oliva virgen extra, cantidad dividida
⅛ más ¾ de cucharadita de sal de mesa, cantidad dividida
⅛ cucharadita de pimienta
2 libras de calabaza moscada, pelada, sin semillas y cortada en trozos de ½ pulgada
3 cucharadas de jugo de limón
4 cucharaditas de zumaque molido, más extra para servir
1 diente de ajo picado
1 manzana, sin corazón y cortada en trozos de ½ pulgada
¼ cabeza de radicchio, sin corazón y picado (1 taza)
½ taza de perejil fresco picado
4 cebolletas, en rodajas finas

Inicio
Guarde la pita tostada en un recipiente hermético a temperatura ambiente hasta por 2 días.

Par perfecto
Sirva la ensalada con deslizadores (vea esta página), Skordalia (esta página) o albóndigas de cerdo y ricota (esta página).

POR QUÉ FUNCIONA ESTA RECETA La ensalada de pan de pita, o fattoush, por lo general incluye productos del verano como tomates maduros y pepino. Este giro en el clásico emplea ingredientes que están más disponibles la otra mitad del año, pero no menos agradables a la vista y al paladar: manzanas crujientes, calabaza dulce asada y radicchio agradablemente amargo. Mezclada con pita tostada y un aderezo cargado de jugo de limón y zumaque cítrico, el sabor brillante y contundente de esta ensalada hace que cada bocado sea una experiencia de varias capas que no se eclipsa incluso cuando la ensalada se combina con una variedad de otros platos.

1 Ajuste las rejillas del horno a las posiciones media y baja y caliente el horno a 375 grados. Usando tijeras de cocina, corte alrededor del perímetro de cada pita y sepárelos en 2 círculos delgados. Corta cada ronda por la mitad. Coloque las pitas con el lado suave hacia abajo sobre una rejilla colocada en una bandeja para hornear con borde. Cepille el lado áspero de las pitas de manera uniforme con 3 cucharadas de aceite, luego espolvoree con ⅛ de cucharadita de sal y pimienta. (No es necesario que las pitas estén cubiertas uniformemente con aceite). Hornee en la rejilla del medio hasta que las pitas estén crujientes y doradas, de 10 a 14 minutos. Dejar enfriar por completo.

2 Aumente la temperatura del horno a 450 grados. Mezcle la calabaza con 1 cucharada de aceite y ½ cucharadita de sal. Extienda en una capa uniforme sobre una bandeja para hornear con borde y ase en la rejilla inferior hasta que esté dorado y tierno, de 20 a 25 minutos, revolviendo a la mitad. Dejar enfriar un poco, unos 10 minutos.

3 Mientras tanto, mezcle el jugo de limón, el zumaque, el ajo y el ¼ de cucharadita de sal restante en un tazón pequeño y déjelo reposar durante 10 minutos. Batiendo constantemente, rocíe lentamente el ¼ de taza de aceite restante.

4 Rompa las pitas enfriadas en trozos de ½ pulgada y colóquelas en un tazón grande. Agregue la calabaza asada, la manzana, la achicoria, el perejil y las cebolletas. Rocíe el aderezo sobre la ensalada y revuelva suavemente para cubrir. Sazone con sal y pimienta al gusto. Sirva, rociando porciones individuales con zumaque extra.

92. Ensalada De Papas Con Aderezo De Tomate Seco

Sirve de 6 a 8 | Tiempo activo 25 minutos
Tiempo total 45 minutos, más 30 minutos sentado
2 libras de papas alargadas, sin pelar, cortadas por la mitad a lo largo
¼ taza de aceite de oliva virgen extra, cantidad dividida
1½ cucharaditas de sal de mesa
1 cucharadita de pimienta
1 cucharadita de hierbas provenzales
⅓ taza de tomates secados al sol en aceite, picados
¼ taza de aceitunas kalamata sin hueso, picadas finas
¼ taza de perejil fresco picado
3 cucharadas de chalota finamente picada
2 cucharaditas de ralladura de limón más 1 cucharada de jugo
1 diente de ajo picado
½ cucharadita de hojuelas de pimiento rojo

Inicio

Deje reposar la ensalada de papa a temperatura ambiente por hasta 2 horas, o refrigere por hasta 1 día.

Línea de meta

Espolvorea las papas con perejil fresco picado adicional antes de servir.

Par perfecto

Sirva con alioli (consulte esta página), espárragos asados con salsa holandesa de mostaza y eneldo (esta página), keftedes (esta página) o tempeh sellado con mermelada de tomate (esta página).

POR QUÉ FUNCIONA ESTA RECETA Las papas alargadas tienen un sabor terroso, ligeramente a nuez y una forma delgada que las convierte en la opción perfecta para una ensalada de papas que se siente adulta y elegante. Inspirándonos en los sabores de Francia, mezclamos las patatas con aceite de oliva virgen extra afrutado y hierbas de Provenza antes de asarlas hasta que estén tiernas. Aliñar las papas mientras aún están calientes permite que las papas absorban más fácilmente los sabores picantes del aderezo. Esta ensalada se puede servir tibia, a temperatura ambiente o fría. Trate de encontrar papas alevines que sean consistentemente de 2 a 3 pulgadas de largo y 1 pulgada de diámetro. Es importante mezclar las papas con el aderezo mientras aún están calientes.

1 Ajuste la rejilla del horno a la posición media y caliente el horno a 450 grados. Mezcle las papas, 2 cucharadas de aceite, sal, pimienta y hierbas provenzales en un tazón grande hasta que las papas estén bien cubiertas. Coloque las papas con el lado cortado hacia abajo en una sola capa sobre una bandeja para hornear con borde. Ase hasta que las papas estén tiernas y los lados cortados estén dorados, aproximadamente 20 minutos.

2 Mientras tanto, limpia el tazón con toallas de papel. Agregue los tomates, las aceitunas, el perejil, la chalota, la ralladura y el jugo de limón, el ajo, las hojuelas de pimienta y las 2 cucharadas restantes de aceite en el recipiente ahora vacío.

3 Transfiera las papas calientes a la mezcla de tomate y revuelva para combinar. Deje reposar durante 30 minutos, revolviendo ocasionalmente. Transferir a un plato y servir.

93. Ensalada De Camote Con Almendras

Sirve de 6 a 8 | Tiempo activo 30 minutos

Tiempo total 1 hora, más 30 minutos de enfriamiento

3 libras de batatas, peladas y cortadas en trozos de ¾ de pulgada

3 cucharadas más ¼ de taza de aceite de oliva virgen extra, cantidad dividida

2 cucharaditas de sal de mesa

3 cebolletas, en rodajas finas

3 cucharadas de jugo de lima (2 limas)

1 chile jalapeño, sin tallo, sin semillas y picado

1 diente de ajo picado

1 cucharadita de comino molido

1 cucharadita de pimentón ahumado

1 cucharadita de pimienta

½ cucharadita de pimienta de Jamaica molida

½ taza de hojas y tallos de cilantro fresco, picados en trozos grandes

½ taza de almendras enteras, tostadas y picadas

Inicio

Refrigere la mezcla de batatas y cebolletas cocidas por separado hasta por 1 día. Deje que ambos alcancen la temperatura ambiente antes de continuar con la receta.

Par perfecto

Sirva la ensalada con huevos rellenos con tocino y cebollino (esta página), coles de Bruselas asadas a la sartén con chorizo y queso manchego (esta página) o Kombdi, Jira Galun (esta página).

POR QUÉ FUNCIONA ESTA RECETA Las vibrantes batatas adquieren una nueva dimensión digna de un plato pequeño cuando se tuestan hasta que estén tiernas y ligeramente caramelizadas y se combinan con especias calientes, hierbas frescas y nueces crujientes. Cocinar las papas en un horno caliente desarrolla un exterior dorado mientras que el interior se hornea esponjoso y tierno. Dejamos que las papas asadas se enfríen (para proteger su integridad estructural) antes de mezclarlas con una vinagreta atrevida hecha con cebolletas, jalapeño, jugo de lima y ajo y perfumada con comino terroso y pimentón ahumado. Luego terminamos las batatas aderezadas con una floritura de cilantro fresco, además de almendras tostadas para un crujido de nuez. Preferimos usar un aceite de oliva virgen extra de alta calidad para agregar profundidad y complejidad aquí.

1 Ajuste la rejilla del horno a la posición media y caliente el horno a 450 grados. Mezcle las papas con 3 cucharadas de aceite y sal en un tazón. Transfiera a una bandeja para hornear con borde y extienda en una capa uniforme. Ase hasta que las papas estén tiernas y comiencen a dorarse, de 30 a 40 minutos, revolviendo a la mitad del asado. Deje que las papas se enfríen durante 30 minutos.

2 Mientras tanto, combine las cebolletas, el jugo de lima, el jalapeño, el ajo, el comino, el pimentón, la pimienta, la pimienta de Jamaica y el ¼ de taza de aceite restante en un tazón grande.

3 Agrega el cilantro, las almendras y las papas al tazón con la mezcla de cebollín y revuelve para combinar. Atender.

variaciones

Ensalada De Camote Con Salsa De Soya, Sriracha Y Maní

Sustituya 1 cucharada de salsa de soja, 1 cucharada de sriracha, 1 cucharadita de azúcar y 1 cucharadita de jengibre fresco rallado por comino, pimentón ahumado, pimienta y pimienta de Jamaica. Sustituya las almendras por cacahuetes tostados y salados.

94. Arroz integral con hinojo y champiñones

Sirve de 6 a 8 | Tiempo activo 40 minutos
Tiempo total 1 hora, más 25 minutos para refrescarse y sentarse
1½ tazas de arroz integral de grano largo
1¼ cucharaditas de sal de mesa, uso dividido, más sal para cocinar arroz
3 cucharadas de vinagre de vino blanco, divididas
¼ taza de aceite de oliva virgen extra, cantidad dividida
1 libra de champiñones blancos o cremini, recortados y cortados en cuartos
1 bulbo grande de hinojo, sin los tallos, cortado por la mitad, sin el centro y en rodajas finas
1 chalota, picada
½ cucharadita de pimienta
⅔ taza de nueces o almendras enteras, tostadas y picadas gruesas, cantidad dividida
2 cucharadas de estragón o cebollín fresco picado
2 cucharadas de perejil o eneldo fresco picado, cantidad dividida
Inicio
Refrigere el arroz cocido en un recipiente hermético hasta por 3 días.
Línea de meta
Sirva la ensalada con batatas en espiral con chalotes crujientes, pistachos y urfa (esta página) o ensalada de atún y tomates reliquia con aceitunas y perejil (esta página).
POR QUÉ FUNCIONA ESTA RECETA El irresistible terrenal del arroz integral se muestra con gran ventaja en esta ensalada integral, donde el arroz con nueces se realza con hinojo aromático, nueces crujientes y champiñones masticables y sabrosos. Usar el método de la pasta para cocinar el arroz integral (hervirlo en una gran cantidad de agua y luego escurrir el exceso) asegura granos tiernos y uniformemente cocidos. Para terminar, aliñamos la ensalada con una vinagreta picante de vinagre de vino blanco, chalota y aceite de oliva virgen extra.
1 Ponga a hervir 3 cuartos de galón de agua en una olla grande. Agregue el arroz y 2 cucharaditas de sal y cocine, revolviendo ocasionalmente, hasta que el arroz esté tierno, de 22 a 25 minutos.

Escurra el arroz, extiéndalo sobre una bandeja para hornear con borde y rocíe con 1 cucharada de vinagre. Deje que el arroz se enfríe por completo, unos 15 minutos; transferir a un tazón grande.

2 Caliente 1 cucharada de aceite en una sartén de 12 pulgadas a fuego medio-alto hasta que brille. Agregue los champiñones y ½ cucharadita de sal y cocine, revolviendo ocasionalmente, hasta que la sartén esté seca y los champiñones estén dorados, de 6 a 8 minutos; transferir a un plato y dejar enfriar.

3 Caliente 1 cucharada de aceite en una sartén ahora vacía a fuego medio-alto hasta que brille. Agregue el hinojo y ¼ de cucharadita de sal y cocine, revolviendo ocasionalmente, hasta que esté dorado y tierno, de 3 a 4 minutos; transferir a un plato con champiñones y dejar enfriar.

4 Bata la chalota, la pimienta, la ½ cucharadita de sal restante, las 2 cucharadas de vinagre restantes y las 2 cucharadas de aceite restantes en un tazón pequeño, luego rocíe sobre el arroz. Agregue los champiñones y el hinojo y revuelva para combinar. Deje reposar hasta que los sabores se mezclen, unos 10 minutos.

5 Agrega ½ taza de nueces, estragón y 1 cucharada de perejil y revuelve para combinar. Sazone con sal y pimienta al gusto. Espolvorea con las nueces restantes y la cucharada restante de perejil y sirve.

95. Ensalada de Farro con Guisantes y Frijoles Blancos

Sirve de 6 a 8 | Tiempo activo 25 minutos
Tiempo total 40 minutos, más 30 minutos de enfriamiento

12 onzas de guisantes dulces, sin hilos, cortados en longitudes de 1 pulgada
¼ de cucharadita de sal de mesa, más sal para cocinar guisantes y farro
1½ tazas de farro entero
3 cucharadas de aceite de oliva virgen extra
2 cucharadas de jugo de limón
2 cucharadas de chalota picada
1 cucharadita de mostaza Dijon
¼ cucharadita de pimienta
1 lata (15 onzas) de frijoles cannellini, enjuagados
6 onzas de tomates cherry, cortados por la mitad
⅓ taza de aceitunas kalamata picadas sin hueso
2 cucharadas de eneldo fresco picado

Inicio

Refrigere el farro cocido en un recipiente hermético hasta por 3 días.

Par perfecto

Sirva con Zanahorias Asadas y Chalotes con Chermoula (esta página) o Albóndigas en Salsa de Almendras (esta página).

POR QUÉ FUNCIONA ESTA RECETA En esta ensalada, el farro con sabor a nuez y agradablemente masticable se combina con vegetales frescos de verano tiernos y crujientes. Al igual que en nuestra ensalada de arroz integral (ver esta página), usamos el método de la pasta para cocinar el farro y producir granos firmes pero tiernos. Un aderezo de limón y eneldo sirve como un complemento herbal y cítrico para el farro terroso y los guisantes crujientes blanqueados. Para agregar un poco más de sustancia a la ensalada, también agregamos algunos tomates cherry, aceitunas kalamata carnosas y frijoles cannellini cremosos. Preferimos el sabor y la textura del farro integral; farro perlado se puede utilizar en este plato, pero la textura puede ser más suave. Encontramos una amplia gama de tiempos de cocción entre varias marcas de farro, así que comience a verificar si está listo después de 10 minutos. No use farro de cocción rápida aquí.

1 Ponga a hervir 4 cuartos de galón de agua en una olla grande. Agregue los guisantes y 1 cucharada de sal y cocine hasta que estén tiernos y crujientes, aproximadamente 2 minutos. Usando una cuchara ranurada, transfiera los guisantes a un plato grande y deje que se enfríen por completo, aproximadamente 15 minutos.

2 Agregue farro al agua, vuelva a hervir y cocine hasta que los granos estén tiernos con una ligera masticación, de 15 a 30 minutos. Escurra el farro, extiéndalo sobre una bandeja para hornear con borde y deje que se enfríe por completo, unos 15 minutos.

3 Batir el aceite, el jugo de limón, la chalota, la mostaza, la pimienta y la sal en un tazón grande. Agregue guisantes, farro, frijoles, tomates, aceitunas y eneldo y mezcle para combinar. Sazone con sal y pimienta al gusto y sirva.

96. Kamut con zanahorias y granada

Para 6

1 taza de kamut, enjuagado y escurrido
¼ de cucharadita de sal de mesa, más sal para cocinar kamut
2 cucharadas de aceite vegetal
2 zanahorias, peladas y cortadas en trozos de ¼ de pulgada
2 dientes de ajo, picados
¾ cucharadita de garam masala
¼ taza de pistachos sin cáscara, ligeramente tostados y picados gruesos, cantidad dividida
3 cucharadas de cilantro fresco picado, cantidad dividida
1 cucharadita de jugo de limón
¼ taza de semillas de granada

1 Pon a hervir 2 cuartos de galón de agua en una cacerola grande. Agregue el kamut y 2 cucharaditas de sal. Vuelva a hervir; reducir el calor; y cocine a fuego lento hasta que estén tiernos, de 55 minutos a 1¼ horas. Escurrir bien. Extienda sobre una bandeja para hornear con borde y deje enfriar durante al menos 15 minutos.
2 Caliente el aceite en una sartén de 12 pulgadas a fuego medio hasta que brille. Agregue las zanahorias y la sal y cocine, revolviendo con frecuencia, hasta que las zanahorias estén blandas y ligeramente doradas, de 4 a 6 minutos. Agregue el ajo y el garam masala y cocine, revolviendo constantemente, hasta que estén fragantes, aproximadamente 1 minuto. Agregue kamut y cocine hasta que se caliente, de 2 a 5 minutos. Fuera del fuego, agregue la mitad de los pistachos, 2 cucharadas de cilantro y jugo de limón. Sazone con sal y pimienta al gusto. Transfiera a un tazón para servir y espolvoree con las semillas de granada, los pistachos restantes y la cucharada de cilantro restante. Atender.

97. Ensalada crujiente de lentejas y hierbas

Sirve de 6 a 8

1 cucharadita de sal de mesa para salmuera
½ taza de lentejas du Puy secas, recogidas y enjuagadas
⅓ taza de aceite vegetal para freír
½ cucharadita de comino molido
¼ de cucharadita más una pizca de sal de mesa, cantidad dividida
1 taza de yogur griego natural
3 cucharadas de aceite de oliva virgen extra, dividido
1 cucharadita de ralladura de limón más 1 cucharadita de jugo
1 diente de ajo picado
½ taza de hojas de perejil fresco
½ taza de eneldo fresco desgarrado
½ taza de hojas de cilantro fresco
¼ taza de cerezas secas, picadas
Melaza de granada

1 Disuelva 1 cucharadita de sal en 1 litro de agua en un tazón. Agregue las lentejas y deje reposar a temperatura ambiente durante al menos 1 hora. Escurra bien y seque con toallas de papel.
2 Caliente el aceite vegetal en una cacerola grande a fuego medio hasta que brille. Agregue las lentejas y cocine, revolviendo constantemente, hasta que estén crujientes y doradas en algunas partes, de 8 a 12 minutos (el aceite debe burbujear vigorosamente por todas partes; ajuste el calor según sea necesario). Escurra cuidadosamente las lentejas en un colador de malla fina colocado sobre un tazón, luego transfiera las lentejas a un plato forrado con toallas de papel. Deseche el aceite. Espolvorea con comino y ¼ de cucharadita de sal y revuelve para combinar; dejar de lado.
3 Bata el yogur, 2 cucharadas de aceite de oliva, la ralladura y el jugo de limón y el ajo en un tazón y sazone con sal y pimienta al gusto. Extienda la mezcla de yogur sobre una fuente para servir. Mezcle el perejil, el eneldo, el cilantro, la pizca de sal restante y la cucharada de aceite de oliva restante en un tazón, luego agregue suavemente las lentejas y las cerezas y colóquelas sobre la mezcla de yogur, dejando un borde de 1 pulgada. Rociar con melaza de granada y servir.

98. Ensalada De Atún Y Tomate Heirloom

Sirve de 6 a 8 | Tiempo activo 20 minutos
Tiempo total 20 minutos
4 tomates reliquia, sin corazón y en rodajas de ½ pulgada de grosor
1¼ cucharaditas de sal de mesa, cantidad dividida
⅓ taza de aceite de oliva virgen extra
1½ cucharadas de jugo de limón
1 cucharada de mostaza Dijon
1 diente de ajo picado
¼ cucharadita de pimienta
3 frascos (6 onzas) de atún en aceite, escurrido (1½ tazas)
1 taza de hojas de perejil fresco
½ taza de aceitunas kalamata sin hueso, cortadas por la mitad
1 chalote, en rodajas finas

Línea de meta

Para una ensalada aún más colorida, use una combinación de tomates reliquia amarillos, anaranjados y/o rojos.

Par perfecto

Sirva con Dip de Frijoles Mantequilla y Guisantes con Menta (esta página) o naan cubierto (vea esta página).

POR QUÉ FUNCIONA ESTA RECETA Elaborada con tomates reliquia dulces y brillantes, cubierto con una montaña de rico atún y ligeramente aderezada con un aderezo de limón, hierbas y mostaza, esta ensalada compuesta está hecha para el entretenimiento relajado del verano. Y mejor aún, se ve tan hermoso como un plato pequeño de restaurante mientras se junta en solo unos minutos. El uso de atún empacado en aceite de alta calidad agrega riqueza y sabor superior. Las aceitunas Kalamata agregan aún más riqueza salada, así como toques de color contrastante, y una sola chalota aporta un toque de mordedura. Si lo desea, puede sustituir los tomates maduros en vid por los tomates tradicionales.

1 Distribuya los tomates en platos pequeños y espolvoréelos con ½ cucharadita de sal.

2 Batir el aceite, el jugo de limón, la mostaza, el ajo, la pimienta y los ¾ de cucharadita de sal restantes en un tazón grande. Reserva 2 cucharadas de vinagreta.

3 Agrega el atún, el perejil, las aceitunas y la chalota a la vinagreta restante en un tazón y revuelve suavemente para combinar. Divida la ensalada en partes iguales entre los platos encima de los tomates. Rocíe la vinagreta reservada sobre las ensaladas. Atender.

99. Ensalada De Cangrejo Y Mizuna

Sirve de 6 a 8 | Tiempo activo 20 minutos

Tiempo total 20 minutos

12 onzas de carne de cangrejo en trozos, recogida para las conchas

½ taza de mayonesa

2 cebolletas, las partes blancas picadas, las partes verdes en rodajas finas

2 cucharadas de shiso fresco picado

2 cucharadas de vinagre de arroz sin sazonar, dividido

4 cucharaditas de jengibre en escabeche picado

2 cucharaditas de pasta de wasabi, divididas

¼ taza de aceite de oliva virgen extra

¼ de cucharadita de sal de mesa

8 onzas (8 tazas) de mizuna o rúcula tierna

1 taza de rábano y zanahoria daikon en escabeche rápido (esta página)

Inicio

Refrigere la mezcla de cangrejo hasta por 1 día antes de preparar el resto de la ensalada.

Par perfecto

Sirva con huevos rellenos al curry (esta página), patatas bravas (esta página) o blini (esta página).

POR QUÉ FUNCIONA ESTA RECETA Las verduras frescas cubiertas con cucharadas de carne de cangrejo dulce especiada con jengibre picante y wasabi son una receta para una ensalada compuesta visualmente deslumbrante y agradable al paladar. La mizuna, el jengibre encurtido y el wasabi aportan una textura variada y un toque especiado; la mayonesa agrega riqueza picante; y las hojas de shiso aportan un sabor audaz, casi indescriptible, que combina toques de menta, cilantro, albahaca y estragón. Mizuna, una mostaza verde japonesa, sirve bien para el componente de hojas de la ensalada. Revolvemos más wasabi en una vinagreta simple de aceite de oliva, cebolletas blancas y vinagre de arroz, y para un poco más de crujido, cubrimos cada ensalada con un puñado de rábano daikon y zanahoria en escabeche. Tenga en cuenta que esta receta requiere vinagre de arroz sin sazonar; no recomendamos usar vinagre de arroz sazonado en su lugar.

Presione para secar el cangrejo con toallas de papel, luego mezcle suavemente con mayonesa, hojas de cebollín, shiso, 2 cucharaditas de vinagre, jengibre encurtido y ½ cucharadita de wasabi en un tazón; Sazonar con sal al gusto. Batir el aceite, la sal, las cebolletas, las 4 cucharaditas restantes de vinagre y la 1½ cucharadita restante de wasabi en un tazón grande. Agregue mizuna y verduras en escabeche y revuelva suavemente para combinar, luego divida entre platos individuales. Sirva, cubriendo las porciones individuales con la mezcla de cangrejo.

100. Ensalada De Frijoles Pintos, Ancho Y Carne De Res

Sirve de 8 a 10 | Tiempo activo 35 minutos
Tiempo total 35 minutos, más 35 minutos sentado y descansando
1 taza de vinagre de vino tinto
⅓ taza de azúcar
1¼ cucharaditas de sal de mesa, cantidad dividida
4 onzas de chiles poblanos, sin tallo, sin semillas y rebanados de ⅛ de pulgada de grosor
1 bistec de falda (1 libra), recortado y cortado en tercios
2 cucharaditas de chile ancho en polvo
¾ cucharadita de pimienta, dividida
2 cucharadas de aceite vegetal, dividido
2 latas (15 onzas) de frijoles pintos, enjuagados
12 onzas de jícama, pelada y rallada (1½ tazas)
½ taza de cebolla morada finamente picada
¼ de taza de hojas y tallos de cilantro fresco picado, y un poco más para espolvorear
3 cucharadas de jugo de lima (2 limas)
1½ onzas de queso cotija, desmenuzado (⅓ taza)
½ onza de chocolate sin azúcar, picado fino (opcional)

Inicio
Refrigere la mezcla de frijoles y jícama, sin cilantro, hasta por 1 día. Mezcle el cilantro y cubra con el bistec justo antes de servir.

Línea de meta
Para una presentación más clásica en un plato pequeño, reparta la mezcla de frijoles en platos individuales y cubra con una pequeña cantidad de carne de res antes de espolvorear con las guarniciones.

Par perfecto
Sirva la ensalada con okra en escabeche cajún (esta página) o ensalada de tomate (esta página) y refrescantes aguas frescas de sandía y lima (esta página).

POR QUÉ FUNCIONA ESTA RECETA Esta ensalada para compartir rinde homenaje a los ingredientes mexicanos que inspiraron su creación. Los chiles anchos, usados con frecuencia en la cocina mexicana, son poblanos secos; Empleamos tanto formas frescas como secas, usando chile ancho en polvo para aliñar nuestro bistec y poblanos de encurtido rápido para obtener un picante agridulce. La jícama rallada le da un toque crujiente a nuestra ensalada de frijoles pintos, cebolla morada, cilantro y jugo de lima. La ensalada aderezada hace un contrapunto refrescante para el rico filete de falda frotado con especias, que doramos en una sartén. La cotija desmoronada le da al plato un umami, un bocado salado. Finalmente, una pizca de chocolate sin azúcar finamente picado le da un amargor y un aroma complejos. Asegúrate de cortar el bistec en rodajas finas contra el grano o quedará muy masticable. Es importante picar el chocolate muy fino, ya que los trozos de chocolate más grandes serán abrumadoramente amargos.

1 Microondas vinagre, azúcar y ¼ de cucharadita de sal en un tazón mediano hasta que hierva a fuego lento, de 3 a 4 minutos. Bate para disolver cualquier resto de azúcar y sal, luego agrega los poblanos. Deje reposar, revolviendo ocasionalmente, durante 30 minutos. Escurrir y reservar.

2 Mientras tanto, seque el bistec con toallas de papel, luego espolvoree con chile en polvo, ¼ de cucharadita de pimienta y ½ cucharadita de sal. Caliente 1 cucharada de aceite en una sartén de 12 pulgadas a fuego medio-alto hasta que empiece a humear. Agregue el bistec y cocine hasta que esté bien dorado y la carne registre 120 a 125 grados (para término medio), aproximadamente 2 minutos por lado. Transfiera el bistec a una tabla de cortar, cubra con papel de aluminio y deje reposar durante 5 minutos.

3 Mezcle suavemente los frijoles, la jícama, la cebolla, el cilantro, el jugo de lima, la ½ cucharadita de sal restante, la ½ cucharadita de pimienta restante y la 1 cucharada de aceite restante para combinar, luego transfiera a una fuente para servir. Rebane el bistec contra la fibra y colóquelo sobre la ensalada. Espolvorear con cotija; chocolate, si se usa; poblanos; y cilantro adicional. Atender.

CONCLUSIÓN

Los platos pequeños son una excelente manera de unir a las personas y crear una experiencia gastronómica divertida y animada. Ya sea que esté organizando una cena o simplemente esté buscando una nueva forma de disfrutar una comida, estas 10 recetas de platos pequeños seguramente lo complacerán. Desde albóndigas picantes hasta champiñones rellenos, cada receta está diseñada para ser rápida, fácil y deliciosa. Así que prepárate para impresionar a tus invitados con estos deliciosos platos pequeños y disfruta de una comida divertida y sabrosa.

www.ingramcontent.com/pod-product-compliance
Lightning Source LLC
Chambersburg PA
CBHW070647120526
44590CB00013BA/865